多賀敏行

「アラブの春」とは一体何であったのか

大使のチュニジア革命回顧録

臨川書店

前書き

チュニジアは北アフリカに位置して地中海に面する風光明媚な国である。二〇一一年一月、著者が日本大使として勤務していたこのチュニジアで革命が勃発した。所謂「ジャスミン革命」である。後に「アラブの春」と呼ばれる中東アフリカ地域の地政学的地殻変動の先駆けとなった革命である。

私が外務省に入省したのは一九七四年であるので、外交官生活三十七年目に起きた衝撃的出来事であった。外務省員は普通約四十年間外交官人生を送るので、三十七年目とはほぼ外交官人生のおしまいの時期である。平穏な年月の経過の中で静かに外交官人生が終わるはずであったが、この出来事に遭遇したことは筆者の四十一年間の外交官人生中最も重要で忘れられない体験となった。

それまで外国で時折起きる暴動、動乱、革命などに関心を持ち、それぞれの出来事をメディアの報道、現地の外交官からのレポートを読んで理解に努めてきた。歴史的意味合いについても考えを巡らせた。しかしそのようなこと――ジャーナリスティックな観点から一番派手な出来事は革命であろうが――そんな革命が自分の目の前で起きる、いや革命が起きるのを見るだけではなく、革命の渦の中に自分自身が放り込まれその中を生き抜かなければならないという経験をするとは夢にも思わなかった。

それまで革命と聞いてもフランス革命、ロシア革命あたりを想起するのが精いっぱいであった。

チュニジア革命（俗称「ジャスミン革命」）を振り返るとき今でも思い出すのは革命に至る年月の間に観察した社会の息苦しさである。これはひとえに言論、表現の自由が抑圧されていたためである。

それまでのチュニジアは社会が落ち着いていて、経済も着実に成長し、産油国ではないアラブ諸国の中で優等生の位置づけであった。だが、実態は二十三年間チュニジアを強権政治でもって支配したベン・アリ大統領の政権は徹底して言論の自由を抑圧していた。街で見かける新聞は政府の御用新聞であった。テレビもラジオもそうであった。国民は政府に不満があっても不満を表明することはリスクが大きすぎた。仕事を奪われたり、ひどい場合は牢獄に放り込まれるリスクが現実のものとしてあったからだ。官僚も大統領の意向に異を唱えることなどとてもできなかった。チュニジア外務省の高官からそれまでの同国政府の政策からずれた不思議な要請を受けたことがあるが、後でわかったのであるが、話は大統領夫人から降りてきたものだった。

実質的な一党独裁や、政権中枢による独裁的政治支配が長い期間続くと権力が腐敗するというのは古今東西を通じて真理であるようだ。

権力者により自分の側近者、友人、家族、親族に利益誘導が行われ、そして独裁者の夫人が性悪人間である場合、夫人の言動が夫の政治に影響を与えることがあり、それが夫の政権を崩壊させる一因になるということも起こり得ることである。チュニジア革命の原因の一つは大統領夫人がその性格の卑しさ、強欲さの故に国民から蛇蝎のように嫌われていたからであると当時懇意にしていたチュニジアの有識者（複数）が筆者に語ったが、その見方に全面的に賛同する。

当時「チュニジアと比べると我が祖国の日本は良い国だなあ、言論の自由があり、政府批判、首相批判が自由に行われ、週刊誌は首相や政治家の個人的スキャンダルを炙り出し報じることも出来る、こういうことが出来るのは日本が立派な民主主義国家であるからだ」としみじみ思ったものだ。

最初にチュニジア革命の経験を原稿に書いたのは七年前、革命直後の頃であるが、その後二、三年に亘って書き足した。

その時は日本の多くの人々にとってチュニジアはなるほど地中海に面した美しい国ではあろうが、やはり遠い存在であり、濃厚な経験をした筆者にとってのみ身近な国であるのだろうと思った。

今回この経験を一般書の形で世に出すにあたってチュニジアでの経験をもう一度じっくり振り返ってみて、いささか驚いた。チュニジア革命が我々と無関係とは言い切れないかもしれないということに気づいたからである。

独裁政治、強権政治はチュニジアのみならず世界中のどこの国でも行われ得るということ、そしてその現れ方にはいくつか共通した点があると初めて実感した。

舞台に登場するのは人間であり、人間の性《さが》は、普遍的であるからだろう。地理や歴史を学ぶということは楽しいことだと思った。

この後に続く本文は筆者が勤務する大阪学院大学の通信教育部の機関誌である「大阪学院大学通信」の二〇一七年九月号に掲載された「現地日本大使が見た「チュニジア革命（二〇一一年）」」を中心とした筆者のチュニジア関係諸論文をほぼ時系列的にまとめたものである。最小限の修文を加えたが、基本的にはその当時書かれた文章を尊重した。全面的な書き換えは筆者の能力を超えるというのが率直な理由であるが、当時の文章をそのままのせた方が、臨場感を読者の皆さまにお伝えできるという利点があるとも考えた。

なお本書の末尾に筆者の外交官生活の最初の頃に経験した英国ケンブリッジ大学での留学の体験記を収録した。

私の外交官生活の最初の頃と終わりの頃に経験した忘れ難い出来事の記録がこの本の中で揃ったことになる。著者としては嬉しいことである。

二〇一八年九月　多賀敏行

チュニスとその近郊主要都市案内図（本書に関係する場所を表記）

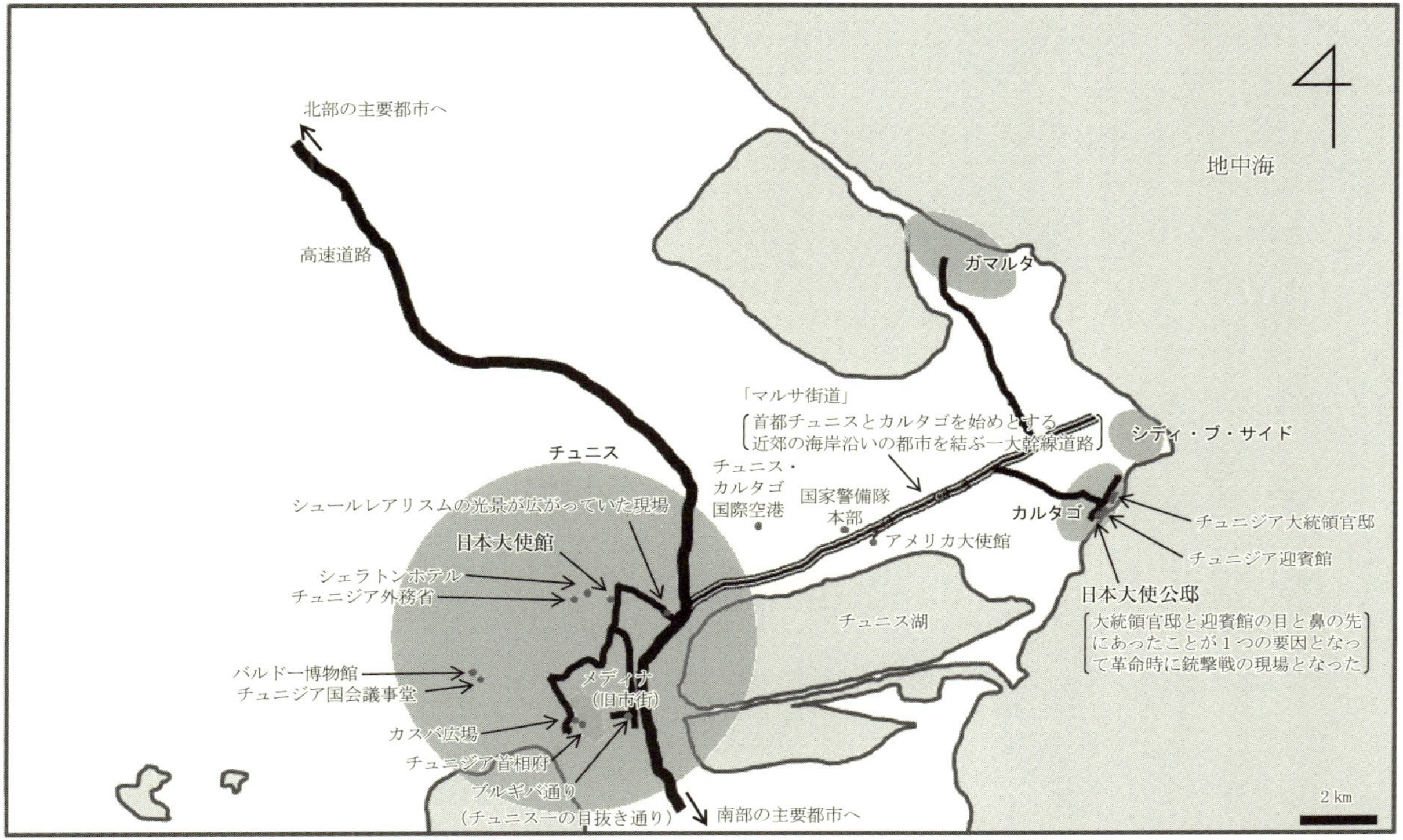

大統領官邸があることからそれまで最も安全とされていたカルタゴが革命勃発時には最も危険な場所に変容。筆者滞在中の日本大使公邸も瞬く間に銃撃戦の現場となった。筆者は夜陰に乗じて公邸を脱出。日本大使館があるチュニスへ向かう。その途中にはシュールレアリスムの光景も広がっていた。

「アラブの春」とは一体何であったのか　大使のチュニジア革命回顧録　目次

現地日本大使が見たチュニジア革命（二〇一一）

はじめに

二〇一〇年の暮れから中東・北アフリカにおいて民主化を求める民衆の運動が広がった。後に「アラブの春」と呼ばれる大規模な反政府行動である。

その先駆けとなったのが二〇一〇年十二月十七日のチュニジア青年による抗議の焼身自殺（未遂）に端を発し、翌二〇一一年一月十四日のベン・アリ大統領の国外脱出、そしてベン・アリ政権の崩壊に至った「ジャスミン革命」（「チュニジア革命」）である。ジャスミンとはチュニジアを代表する白い花である。

ベン・アリ大統領は二十三年の長きに亘って強権政治でもってチュニジアを支配した独裁者であった。

筆者はチュニジアに駐在する日本大使として、当時の動乱状態の中で一時危険な状況下におかれたものの無事生き抜いて職務を遂行することが出来た。

この経験を踏まえて書いた論考を二件書いたところ、「大阪学院大学通信」の二〇一七年二月号及び四月号に掲載された。

それぞれ「『アラブの春』の先駆けとなったチュニジアの『ジャスミン革命』――当時の「分析メモ」を読みながら「ジャスミン革命」前夜にタイム・スリップしてみる――」と「ウィキリークスで明らかにされた米国の外交電報――チュニジア革命（二〇一一）前夜」と題する論考である。

ニコラ・ボー著「大統領府の女主人」の表紙を飾るベン・アリ大統領夫人―レイラ・トラベルシ
チュニジア革命はこの女性が原因で起きたと言う人がいる。

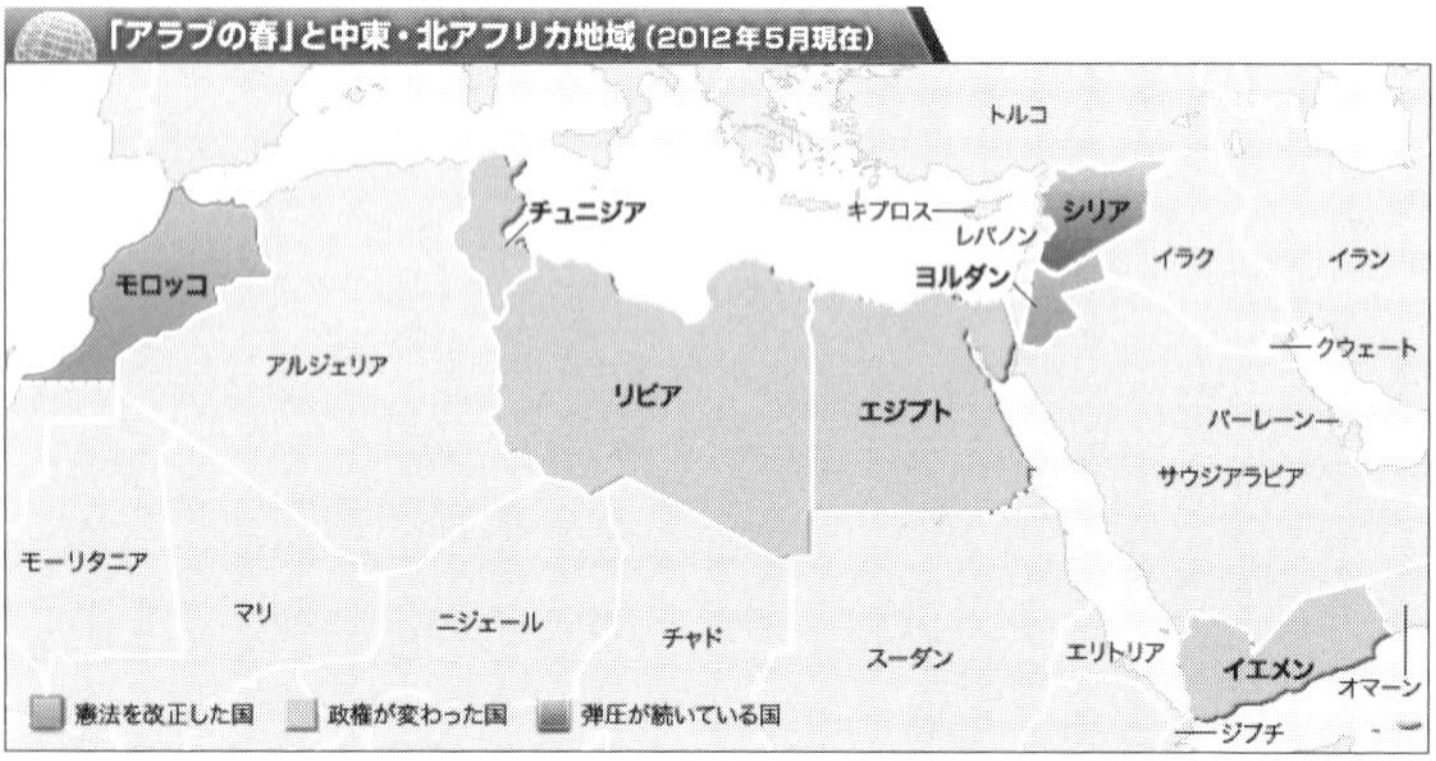

外務省資料

なお「ジャスミン革命」という呼称は実はチュニジア人自身には好まれていないので、「チュニジア革命」という呼称の方を多く用いた。

今回の論考は前二件の論考に続くものであり、革命という嵐の中に現地の日本大使として身を置いた人間がどう感じ、どう考えて生きたかを革命の半ば当事者としての観点から記したものである。もしいくばくかの臨場感を感じて読んでいただける論考になっていたら筆者としてこれに優る喜びはない。

ベン・アリ大統領の国外脱出（二〇一一年一月十四日）で頂点を迎えたチュニジア革命であったが、民主化の実現までには更に長い年月を要した。史上初の民主的な選挙（二〇一一年十月二十三日）により制憲国民議会が作られ、同議会により民主的憲法案が作成、公布され（二〇一四年一月）、それに基づいて、議会選挙（二〇一四年十月）、大統領選挙（二〇一四年十一月～十二月）が行われた。つまりチュニジアは何とか民主化に漕ぎ着けたのである。

二〇一一年以降中東・北アフリカの国々では独裁政権が相次いで崩壊し、不安定な状況が続いていた中で、チュニジアが唯一民主化に成功したという訳である。二〇一一年の革命勃発直後の時期が過ぎるとチュニジアについての世界のメディアのカバレッジは少なくなっていった。しかし二〇一五年の秋、チュニジアは久しぶりに世界の注目を浴びるようになった。二〇一五年のノーベル平和賞がチュニジアの「国民対話カルテット」に授与されることになったのである。「国民対話カルテット」とは労働総同盟、商工業手工業経営連合、人権擁護連盟、チュニジア弁護士会の四者で結成された団体であり、このカルテットが長く困難な国民対話をチュニジアで可能にしたとの功績により、ノーベ

チュニジア国内の地図

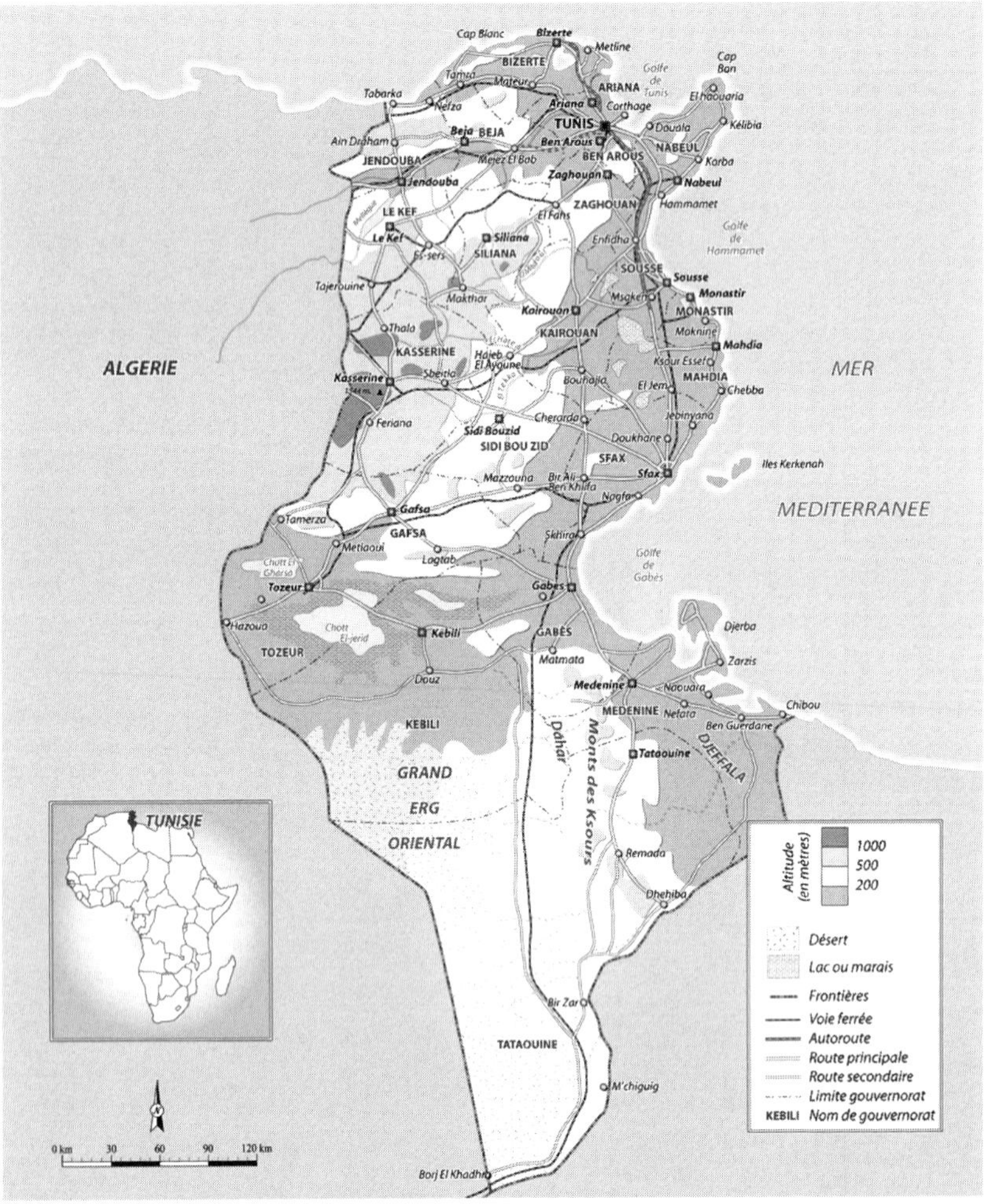

（出典：http://www.pearltrees.com/jeanne0107/etude-pays/id11126475/item108496031）

ル平和賞が授与されたのである。チュニジア国民にとってのみならず、チュニジアをずっとフォローしてきた筆者のような人間にはとっても喜ばしいことであった。

このように何とか民主化に成功し、ノーベル平和賞まで授与されたチュニジアではあるが、同国の抱える問題は相変わらず解決していない。

失業は殆ど改善されておらず、若者の失業率は依然高水準である。さらに困ったことには国内の治安が悪化しており、テロ事件が頻発して政府を悩ませている。その状況は現在も続いている。因みにＩＳ（「イスラム国」）へ参加する外国人戦闘員の中でチュニジアからの若者が他のいかなる国をも上回り二〇一五年には六千人に達しているといわれていることは由々しきことである。この現象はチュニジアにおける若年層の失業率の高さと無関係ではない。

筆者は二〇〇九年八月、チュニジアの首都チュニスに着任し、二〇一二年十一月に離任した。三年と三か月のチュニジア勤務であった。二〇一一年一月十四日、在任期間の半ば、つまり着任して一年四ヶ月経った時点でチュニジア革命に遭遇した。

筆者は現地の日本大使として経験したことを書き残すべきと考え、節目節目にその時点で見聞きしたこと、考えたことを文章化するよう努めた。

今回の論考に収めるのは、それらの文章である。具体的には次の通りである。

Ⅰ．チュニジア革命の要点（二〇一三年四月に記す）

Ⅱ．兵士二名が日本大使公邸の敷地に侵入（二〇一一年一月十七日に記す）

Ⅲ．チュニジア革命（二〇一一年一月十四日）と緊急事態対応を通しての筆者の所感（二〇一一年二月八日に記す――革命の三週間後である）

Ⅳ．チュニジア史上初めての民主的選挙（二〇一一年十月二十三日）を控えて書いた所感（二〇一一年十月十九日に編集）

Ⅴ．チュニジア離任時に思ったこと（二〇一二年十一月に記す）

在外勤務で暮らしている外国で、ある日突然革命が勃発しそれに巻き込まれ、その中を実際に生き抜くとはどういうことか。その答をこれらの文章を読むことで感じとっていただければ幸いである。

なお、この論考の中で述べられた見解は筆者個人の見解である。

（二〇一七年五月四日）

I. チュニジア革命の要点（二〇一三年四月に記す）

二〇一一年一月十四日にチュニジアのベン・アリ大統領が国外脱出するという出来事が起きた。予想もしなかった大きな出来事、政変である。

後に人々はこの政変のことを「チュニジア革命」と呼ぶようになった。

二〇一二年版のわが日本外務省が発刊した外交青書の記述ではこうなっている。

「ベン・アリ政権は非常に強い基盤を持っていると見られていました。しかし、政権はほとんど何の前触れもなく、短期間に崩壊しました」

「ほとんど何の前触れもなく」という表現は現地で政変を経験した人間としては、まったくその通りで、同感である。

チュニジア革命がどうして起きたのか、なぜ発生を予測できなかったのかという2つの観点から絞って書いた文書が次の文書である。

チュニジア革命の要点

〈はじめに〉

二〇一〇年十二月十七日、チュニジア中南部の街において、失業中の二六歳の青年が焼身自殺を図った事件を契機として、貧困・雇用対策等を求める大規模な抗議デモが発生した。これが近隣の諸都市にも広がり、年が明け二〇一一年一月に入ると首都チュニスでも大規模なデモが行われるようになり、緊張が高まった。そのようななか、一月十四日午後五時四五分、二十三年にわたって強権政治を行ってきたベン・アリ大統領とその家族がチュニスの軍用飛行場から国外脱出するという事態に至った（その日の夜遅くサウディ・アラビアに到着）。「アラブの春」の先駆けとなる「チュニジア革命」である。

チュニジア革命について、関心を呼んだ二つの問題がある。

Ⓐ どうして革命がおきたのか

Ⓑ どうして誰も革命が起きることを予測できなかったのか

という問題である。これらに答えたい。

簡潔にたとえ話を交えて述べればこういうことであろう。

チュニジアで革命が起きる素地はあったが、つまり社会に、強権的政治を二十三年もの長きにわたって行ってきたベン・アリ大統領の政権に対する不満のガスが溜りつつあった。しかし火をつければすぐ燃え上がる、爆発するというレベルには至っていなかった。ところが種火が近くにあった紙に燃え移り、それ自体はたいしたことではなく、消防士が落ち着いて、消火の措置を取れば何でもないことであったが、いろいろな偶然がかさなり、鎮火がうまくいかず、いつのまにか火が家に燃え移り、それが隣家にも燃え移って大火事になったということだと思う。

本論に入る前に、まずキーとなる用語について述べたい。重要なことであるからである。そのあとⒶおよびⒷについて述べる。

1．重要なキーワード

(1)「ジャスミン革命」

二〇一一年一月十四日にチュニジアで起きた政変（ベン・アリ大統領の国外脱出）のことをメディアでは「ジャスミン革命」と呼ぶことがある。ジャスミンは白い香しい花（実際、二〇〇九年夏チュニスに着任したとき、自宅の庭で甘く妖艶な香りのする花を見かけ、これは一体何だろうかと思った。それがジャスミンだった）で、チュニジアを代表する花であるのでチュニジアのことを欧州、特にフランスでは「ジャスミンの咲く国」と呼ぶ。チュニジアで起きた革命のことをジャスミン革命と呼ぶのはそういう事情からである。しかしチュニジア人自身は、死者約三百人を出した政変は深刻な出来事であり、フランス人がエグゾティシズムに駆られて独り善がりに付けた「ジャスミン革命」という呼称は嫌だと思っている。そんな軽い出来事ではなかったのだとして、チュニジア人自身は「自由と尊厳のための革命」とやや重々しく呼んでいる。私には少し重々し過ぎる感じがする。チュニジアの人々は自己をやや過剰に美化したいのだろう。

これに関して、半藤一利氏の次の言葉を思い出した（『幕末史』新潮社、二〇〇八年）。

今も薩長史観によって、一八六八年の暴力革命を誰もが立派そうに『明治維新』と言っています。けれども、明治初年頃の詔勅、ご誓文、……の類を眺めてみると、当時は維新などという言葉は全くといってよいほど使われていないようなのです。

なるほど歴史とは多かれ少なかれ「捏造」されるものなのだろう。

（2）「革命」

チュニジア人もフランス人もこの出来事を「革命」と呼んでいる点では一緒である。ところがこの出来事がはたして革命と言えるほど立派なことだったのか疑問がある。革命とは普通、政府と民衆側・反政府側が何週間、何か月、幾年もかかって血みどろの戦いを繰り広げるものである。ところが、チュニジアの場合、ある日独裁者が突然居なくなってしまったというだけのことと言えなくもない。民衆の圧力で国内に居ることが出来なくなり、やむを得ず国外に脱出したというのではなく、何かの手違いで国外に出たところ、国内の騒擾が大きくなってしまっており、帰国できなくなった、というのが実態に近い。

こういう出来事を革命と呼ぶのだろうか。革命と言えるほど恰好よいことだったのだろうか（こういう疑問はあるが私が今書いているこの文書では便宜上、革命という表現を使う）。

（3）「アラブの春」

二〇一一年初頭より独裁者が長年統治してきたアラブの国々で、民衆の間から民主化を求める大規模な運動が広がった。この現象をメディアは「アラブの春」と呼んだ。一九六八年のチェコスロバキアで起きた民主化運動「プラハの春」を意識した呼称である。

この「アラブの春」が最初に起こったのがチュニジアであり、エジプト、リビア、イエメン、シリアなどに広がった（アルジェリア、モロッコでも民衆運動があったが、政権は首尾よく改革策を打ち出し、政権が揺らぐことはなかった）。

アラブの春を最初に起こした国がチュニジアであるのにもかかわらず、チュニジアで起きたことについて余り知られていないのは、この事件を身近なところで目撃し、かかわった人間として残念である。「アラブの春」はチュニジアでまず成功したが、チュニジアでの成功が無ければ、エジプトでの成功もなかったことは確実である。

チュニジアで二十三年も民衆を押さえつけて、自由を奪ってきた独裁者ベン・アリ大統領がいとも簡単に倒れてしまった。

民衆が反対運動、デモをやれば独裁者は倒れ得るということを明確な形で示してしまったのがチュニジア革命である。

これがエジプトの民衆をおおいに勇気づけた。小国のチュニジアでもできたことなのだから、エジプトでも当然できる、とエジプトの民衆が思ったことは確実である。何と言ってもエジプトは人口八〇〇〇万人を擁する中東の大国である（面積は日本の二・六倍）。中東政治に与える影響力は大きい。これに対して、チュニジアの人口は一〇〇〇万人（面積は日本の四〇パーセント）に過ぎない小国である。エジプト人はチュニジア人に対して大国意識を持っている。

チュニジアにできたことはエジプトに出来ないわけがない、エジプト人はそう考えたであろう。

チュニジアで二〇一一年一月十四日にベン・アリ大統領が国外脱出した。その十一日後の一月二十五日にエジプトでムバラク大統領の退陣を求める大規模なデモが起こり、二月十一日にはムバラク大統領は辞任を余儀なくされた。

チュニジアでベン・アリ政権が崩壊した時点では、それがエジプトに影響を与えることは当然予想されたが、それでもムバラク政権が崩壊するところまで行くとは思えなかった。ムバラクの支配体制は盤石に思われたからである。エジプトでは国軍の力は絶大で、最後の段階までムバラクを支えていた。ムバラクが退陣したのは、軍がムバラクでは民衆との関係で持たないと考え、ムバラクをとうと見捨てたからである（その後行われた選挙でイスラム勢力が政権を握り事態は複雑になった）。

ベン・アリ政権に続いて、まさかと思われたムバラク政権崩壊が現実になり、これがリビア情勢に影響を与えることになった。当時、ムバラクが倒れても、カダフィは鉄の支配で国を治めており、それが揺らぐことは考えにくかった。さらに、リビアで起きたことは、はたして民主化と関係あったのかという疑問がある。リビアで起きたのは部族間の戦いであり、それにＮＡＴＯの名のもとにフランスが主導して軍事介入した内戦であったとみるのが妥当であろう。そして、カダフィはＮＡＴＯの軍事介入がなければ今でも政権を維持していた可能性がある。今のシリアのようになっていただろう（内戦が続いているが政府は持ちこたえているという状態）。フランスがあれほど熱心に軍事介入をリードしたのは、サルコジ大統領が最初のフランスでの自分の大統領選挙のときカダフィから巨額の選挙資金を得ていたので、それが発覚して再選（二〇一二年）に影響を与えれることを恐れ、証拠隠滅のためカダフィを亡き者にしたかったからだという有力な説がある。

いずれにせよ、リビアで起きたことは、民衆が民主化を求めて平和的な街頭運動を起こしカダフィを引きずりおろしたというよりは、部族間の武力対立に外国勢力が武力介入した内戦であったと言えるので、民主化には直接関係はなく、厳密に言えば「アラブの春」の対象国に入らないだろう。「アラブの春」が民主主義の実際の構築まで含む言葉であるなら、チュニジアでもエジプトでも独裁者のあとの政権は復古主義的なムスリム政権が握り、追い出された独裁者と変わらぬ強権政治を行っており、民主主義の実現からほど遠い。そう考えると、「アラブの春」はどこにもやってきていないと言える。

（二〇一七年四月注）

チュニジアでは二〇一四年に民主的憲法が制定され、それに基づき議会選挙、大統領選挙が行われて、民主化が実現したが順風満帆とは言い難い。高い失業率、国内の経済格差の問題は解決に程遠く、更にテロ事件が頻発しており、政府はその対応に頭を悩ませている。

2．どうしてチュニジアで革命が起きたのか

要因を箇条書きする。

（1）ベン・アリ大統領、レイラ夫人の一族による汚職、腐敗に対する国民の怒り。

レイラ夫人の一族は無教養、犯罪者の集団。社会の最底辺に居るべき人たちが、ファースト・レディーの一族になっていた。

（2）ベン・アリ大統領の与党であるRCD（立憲民主会議）が国民生活を牛耳っていた。

たとえば自分の息子が就職口を探すのにも、RCDの地方支部の顔役のご機嫌をとらなくてはらな

いなど。

(3) 選挙の自由がない(選挙の秘密が確保されておらず、与党以外の政党に投票すると、ばれてしまい、与党関係者から嫌がらせを受けたり、職を奪われる。選挙の実施は中立の選挙管理委員会ではなく何と与党の組織が行っていた)。

言論の自由がない。秘密警察の存在のゆえに政権批判は不可能。カフェでうっかりベン・アリ批判はできない。「隠れ通報者」がいたるところにいるからだ。社会に充満する息苦しさ。

(4) チュニジアの国軍(約三万人)は伝統的に政治に不介入。この政変のときも、参謀総長はベン・アリ大統領から「民衆に発砲して、鎮圧せよ」との命令を受けたが、その実行を拒否した。

そのため、軍は後にチュニジア国民から英雄視された。最大の実力部隊である軍がベン・アリを支持しなかったことは大きな意味をもった。

独裁者であるベン・アリ大統領はそもそも軍が大きな力を持つことを恐れ、弱体化に努めてきた。給料も安く留め置かれたので、軍の大統領への忠誠度は高くなかった。

他方、大統領は独自の大統領警備隊(約二〇〇〇人)を持っていた。ベン・アリは国外脱出するとき、大統領警備隊に自分の留守中にチュニスを混乱の淵に陥れるようにと指示したようだ。

余談になるが、大統領府に近い日本大使公邸のすぐ前で、大統領警備隊と国軍との間で激しい銃撃戦が行われた。私は流れ弾に当たることを恐れ二階の廊下に伏せて銃撃戦がやむのを待った。国軍の兵隊二名が大使公邸の敷地内に侵入、外から登り、二階の私の寝室の窓外側のベランダを通り過ぎて行った。前の家(大統領迎賓館)に逃げ込んだ大統領警備隊三名を掃討する作戦の途中に見晴の効くベランダを通過したとのことであった。

（5）国民の一人当たりGDPは三八〇〇ドルを越え、かつ同世代の三六パーセントが大学に進学するという教育水準の高さ。国民の政治意識は中東アフリカ地域ではおそらく一番高かった。

（6）それまで、チュニジアでは言論の自由がなく、政府は街頭デモを許していなかったので、警察はデモをどうコントロールすればよいか、鎮圧すればよいか、訓練されておらず、過剰な対応に走ってしまった。放水車、催涙ガス、ゴム弾丸が十分配備されておらず、実弾の使用に走った。これが民衆の怒りに火を付けた。

（7）フェイスブックの使用が民衆の連携を強めた。高い携帯電話の普及率。全人口一〇〇〇万人のうちインターネットにアクセスできる人数は二〇〇万人に達していた。

カタールのアルジャジーラTVが大きな影響をあたえた。チュニスのデモ参加者が送った臨場感溢れる動画（治安部隊の発砲と血を流す民衆の画像）をこれでもかと言わんばかりに益々刺激的なものに差し替えて放映した。

（8）ウィキリークスが公開され、駐チュニジニア米国大使の国務省あて外交電報も読めるようになった。これによりアメリカ政府がベン・アリ大統領を必ずしも支持していないことが国民の知るところとなった。国民は勇気づけられただろう。（「大阪学院大学通信」二〇一七年四月号に掲載の論考「ウィキリークスで明らかにされた米国の外交電報――チュニジア革命（二〇一一）前夜――」を参照願いたい。）

3. どうして革命が起こること、ベン・アリ政権が倒れること（ベン・アリの国外脱出）を予測できなかったのか

（1）国民の不満がある程度たまっているので、何らかの政変が起きるであろうことは予想できた。ただ私も、他国の大使達も、何か起こるだろう（たとえば前立腺ガンを患っているベン・アリが死亡して、それをきっかけとして政権内で権力闘争が始まるなど）とは考えていたが、自分の任期中には起きないだろうと漠然と思っていた。何か起きるにしても、もう少し先のことだと思っていた。それほどベン・アリの支配機構は盤石に思われた。

（2）二〇一一年一月十四日という早い時点で、ベン・アリが政権を放り投げて国外に逃げてしまうとは誰も予想しなかった。外交団も、街頭でデモを行っていた民衆も、それどころかベン・アリの娘婿も、政府高官、外務大臣も予想していなかった（このあたりのことはⅢ．チュニジア革命（二〇一一年一月十四日）と緊急事態対応を通しての筆者の所感（二〇一一年二月八日に記す――革命の三週間後である）に詳しく述べてあるので参照願いたい）。ベン・アリ本人も当日（二〇一一年一月十四日の午後五時四五分、チュニスの軍用飛行場から大統領特別機は飛び立った）の午後四時ころまで、いや五時四五分の時点でも、国外脱出するつもりはなかったようだ。十四日の夜遅く、サウジに着いたとき、ベン・アリ大統領は特別機のパイロット（正副二人のパイロット）に、「ご苦労さん、私の息子たちよ。明日は七時にチュニスにむけ出発だ。それまでしっかり寝るように」と言ったという搭乗員の証言がある。サウジに来たのはレイラ夫人を送り届けるためであり、用が終わったので翌日チュニジアに帰るつもりでいた、という説である。

(3) ここで最初にもどるが「どうして革命が起こること、ベン・アリ政権が倒れることを予測できなかったのか」という設問は「革命の予兆は必ずあり、注意深い観察者なら、それに気づいて、かなり早い時点で革命の発生を予測できたに違いない」という見解を内包しているように思われる。これに対しては、「革命は『起きるべくして起きた』とは、後になって初めて言えることである」(Revolutions are 'inevitable' only in hindsight.)(革命直後の Newsweek の記事に引用されている)という箴言でお返ししたい。

物事には幾つかの原因があり、それら原因が一つ一つ相互に関連する形で生来し、起こるべくして結果が起きる、と言う考えは、自分を知的に見せたい、格好をつけたいという気持ちから発する後知恵にすぎないのではないかと思う。本当はさまざまなことが脈絡のない形で起きてきて、意外な結果に到達することが多い、いやむしろそちらのほうが普通ではないか。歴史とはそれら事実関係を整然と並べなおして合理的説明を試みる、そうやって合理的説明を(言葉は悪いが)「でっち上げる」、そういうことではないか。となると歴史とは案外いい加減な学問ではないか、チュニジア革命で思ったことは正にそういうことであった。歴史は人間が動かす。その人間はすべての人がすべての時に合理的判断に基づいて行動する訳ではない。

歴史が対象とする出来事は人間という不合理な存在が起こすことなので、その出来事が不合理であっても、合理的な説明がつかなくても仕方がないことではないかと思う。

別途書いた文章(「Ⅳ. チュニジア史上初めての民主的選挙(二〇一一年十月二十三日)を控えて書いた所感(二〇一一年十月十九日に記す)」で九つのエピソードからなる。)で言いたかったのはそういうことである。

〈終わりに〉

本当につまらないことで、軽率にも国外に出たため、自分の政権の崩壊を招いてしまったベン・アリは随分、隣国の同僚、ムバラク、カダフィに迷惑をかけたと思う。ベン・アリが国外に出ずに、国内に残って事態に対処していたら、政権がたとえどのつまり崩壊するにしても、数ヶ月や一年は十分にかかったと思われる。ところが実際には、中南部で暴動が起きて一ヶ月足らずで、クリーンヒットの形できれいに居なくなる（国外脱出）という事態は余りにも簡単かつ劇的で、目を見張らせるものだった。その劇的さが、エジプト民衆を鼓舞したことは間違いない。だらだらした状態が続いているだけならエジプト民衆を鼓舞せずムバラク政権も崩壊しなかっただろう。ムバラク政権が倒れなければリビアに飛び火することもなかったであろう。

例えて言えば、百戦錬磨のボクサーが、素人と対戦して、素人がこわごわ放ったジャブが偶然にも顔にあたってしまい、それがため勝手に倒れてしまった。素人のボクサーは一体何が起きたかわからず、茫然としている、という感じであろう。ムバラク、カダフィからすれば、「ベン・アリのやつ、なんであんな素人に簡単に負けてしまったのだ」という気持ちであろう。

II. 兵士二名が日本大使公邸の敷地に侵入（二〇一一年一月十七日に記す）

二〇一一年一月十六日午後四時四五分頃、私の居た日本大使公邸敷地内に迷彩色のチュニジア軍兵士が侵入し、二階の私の寝室のすぐ前、外側のベランダを銃をかまえて歩いて行った。寝室の室内に関心がある訳ではなく、反対側（庭側）の向こうにある大統領迎賓館の敷地内に逃げ込んだ大統領警備隊を探索している様子だった。

私としては兵隊をほんの間近に見たわけで、危険な状況下に置かれた訳だが、その時点では、さ程恐怖感を感じず、むしろこの危機をうまく乗り切ってやろうと意気軒昂な心理状況にあった。

二〇一一年に放映されたＮＨＫ「ためしてガッテン」で「恒常性バイアス」という問題を取り上げていた。今考えると、恒常性バイアスがかかっていたのだと思う。つまり、これからも今まで通りの状況が続く、実際には危険が近づいていても、そう認識することを拒む心理状況にあったと思う。当時の状況を今、客観的に振り返ると、自分は結構危ない状況にあったのだと思うに至り、反省している。

当時の状況を記したメモを示す。

二〇一一年一月十六日、日本大使公邸周辺では銃声が散発的に続いていたが、一六時四五分頃銃声が突然激しくなったので、当時邸内に滞在していた公邸料理人とアフリカ開発銀行の邦人職員K氏とともに一番安全とされている大使主寝室に入った。ふと窓の方を見たら迷彩服の兵隊二名が主寝室の窓のすぐ外のベランダを銃をかまえて歩いていく姿が目に入り、あわてて隣の部屋に移動した。窓からなるだけ遠いところで厚い壁に守られている場所を探して、身を伏せて事態の落ち着くのを待った。何時間かが経過し銃声はやんだ。筆者は翌日十七日朝、K氏が公邸を立つのを見送り（K氏は再開しつつある空港から欧州の都市へ向かった。）、筆者は公邸料理人とともに一八時四〇分に警察車両の警護の下チュニスの中心部にある大使館事務所に移動した。

事後の聞き込みにより、十六日から十七日にかけて公邸周辺で何が起きていたかが次のとおり判明した。

1．十六日、日本大使公邸の前にある大統領迎賓館にベン・アリ大統領警備隊の残党のうち三人が逃げ込んだとのこと、銃撃戦が行われ二人がつかまったが、一人は逃げた由。兵隊二名が大使公邸に入って母屋の二階の大使主寝室のベランダに登ったのは、ここから迎賓館をよく見渡せるためであったとのこと。筆者はこの兵隊たちと目が合うとまずい、狙撃されるのではと恐れたが、兵隊たちは筆者ら三名が居る寝室の中には関心がない様子でもっぱら下の庭の方を眺めていた。銃口も庭の方に向けていた。兵隊達が公邸から去ったあとも銃声は散発的に聞こえたが、やがて静になった。その後夜十一時位には蓄積する疲労感に抗うことが出来ず筆者達は、就寝した。

2．十六日夜、エジプト大使公邸（日本大使公邸より歩いて一分）を警備する警察官に向けて狙撃手（sniper）（ベン・アリ大統領警備隊の残党）が発砲した。軍はこれに対抗するためヘリコプターを飛ばし空からこの狙撃手を撃った。大使が無事かどうかは知らない。

3．十七日昼過ぎ、日本大使公邸のすぐ隣の家で激しい銃撃戦の音が聞こえ始めた。銃声の余りの近さに驚愕した。これは同家に略奪者（saccageurs）が入り国軍（Garde Nationale）が掃討戦を行っているためであった。ここで、筆者としては大使館にいる公使参事官の提案により、公邸を退去しチュニスの町中にある大使館事務所に移動する方が良いとの結論から、軍・警察による搬送を依頼した。警察車両が到着し、筆者と公邸料理人はこれに乗り込み、約一時間後の一八時四〇分に大使館事務所に到着した。

Ⅲ. チュニジア革命（二〇一一年一月十四日）と緊急事態対応を通しての筆者の所感（二〇一一年二月八日に記す――革命の三週間後である）

1. 政権崩壊は予測できなかったのか

今回の政変（一月十四日午後のベン・アリ大統領の国外脱出）が予測できなかったのか、特に昨年十二月十一日、十二日の日本・アラブ経済フォーラムのために前原外務大臣にチュニジアを訪問して頂いておきながら、その後こんなに早い時点で政権が崩壊したというのはembarrassing（みっともない）というコメントが本省の幹部会（一月二十一日）出席者の一人より出されていました。

これに対しては中東アフリカ局関係者から「そんなに早くその日が来るということは誰も想像だにしていなかった。それはプレスもそう思っている。」と適切な説明をして頂いたと思います。つまりベン・アリ政権の強権的政治に対してはかねてより国民の間に不満がたまっていた。いつかこの不満が爆発して政権が崩壊するという事態に至るであろう。そういう事態が発生するのは確実であろう。しかし、いつ、それがどういう形で実現するかという点については予想しがたい、というのが当地外交団の一致した見方でした。（各国大使は少なくとも自分の任期中には政権崩壊は起きない、と思っておりました。ベン・アリの支配体制は盤石に思われたからです。）

G―8の大使で一番アラーミングな見方をしていたのは北米の国の大使でした。この大使でさえ一月十四日というタイミングで政変が起きるとは予測しておりませんでした。

昨年十月頃、レイラ夫人（一九五六年生まれ）の記事（アラブ婦人会議の議長を務めた、とか、障害児施設の開所式に出席した、といった記事）がほぼ毎日ラ・プレス紙（政府の御用新聞、フランス語の新聞として発行部数最大）の一面に彼女の大きな写真とともに出ているので、多くの大使達が、ベン・アリが大統領職を退いてそのあとにレイラ夫人に大統領職に就かせることを考えているのではないか、あるいはレイラ夫人自身が大統領になろうとしているのではないか、レイラ夫人はそのために憲法を改正しようとして大統領顧問に検討させているらしい、つまりレイラ夫人は政治的野心一杯なのではないか、という噂をしておりました。

そんなときに北米の国の大使は「レイラ夫人はそんなに野心的に前面に打って出ようとしているのではない。むしろ追いつめられていると感じている。最近、国民の怨嗟が高まっており、それがひとえに自分に向けられていることを強く認識していて、危機感を抱いている。その怨嗟が爆発した時にいかに生き残って蓄積した財産、利権を守り抜くか真剣に考えている。一番ありうるのはベン・アリ大統領（一九三五年生まれで七五歳、前立腺ガンに罹っていると言われる）が亡くなったとき、現行憲法は下院議長が大統領代行を務め次の大統領を選ぶ選挙を六十日以内に実施することになっている。次の大統領に自分に敵対的な人物がなることをいかに回避するかに腐心しており、そのため候補者を実質上決定する与党RCDのガリアニ事務総長の息子に自分の親族の娘を嫁がせている程である」とする見方でした。つまり「レイラ夫人に対する国民の怨嗟が高まっていて、これが爆発して自分が脆弱な立場に置かれるケースで一番あり得るのはベン・アリが病気で倒れるときだ」とする見方でした。

一月十四日に起こったようにベン・アリ大統領が政権を放り出して逃げてしまうということは予想外でした。

「放り出して逃げてしまった」というのではなく「騙されて国外に出てしまった」という見方があります。つまりモルジャン外相とラシド・アマール参謀総長が十四日、ベン・アリ大統領のところに行き「二〜三日国外に出ていて下さい。今、国内で騒擾が起きているが、二〜三日でこれを押さえてみます。そこに大統領に帰って来て頂いて、国民に『やっぱり国をしっかり押さえてくれるのはベン・アリ大統領しか居ない』と思わせるのが良いと思います。」と説得、大統領はこの話に乗った、という説（フランスのメディア）です。現に、国外脱出後、ベン・アリはガンヌーシ首相に電話をかけてきて、「もうチュニジアに帰ってよいか」、と聞いてきたので、首相は「帰国なんてとんでもない」と答え、帰国を断ったという報道がありました。

これはモルジャン氏（一九四五年生まれ）が外相になる前、（二〇〇五年八月より二〇一〇年一月まで）四年半、国防大臣を務めていて軍の将軍達と良好な関係を築いていたので、ラシド・アマール参謀総長（軍はベン・アリの命令（民衆に発砲せよ）を拒否した）と組んでこのような事をしたというのはありうる話だと言われています。

そうだとすると、今回の政変は民衆の圧倒的に強い力でベン・アリ政権が倒れたというよりは、民衆の力はそこそこの力でしかなかったが、ベン・アリやレイラ夫人一族による腐敗が取り返しのつかないところまで進んでしまった結果、民衆の憤りが爆発し、もはや押し留めようがないと思い込んでしまい、自分から倒れてしまった、又は騙されていったん国外に出たがもはやチュニジアに戻ることは不可能になったと悟ったという見方が出来るかもしれません。

2. 皆、予測できなかった

二〇一一年一月十四日というタイミングでこのような、政変が起きるとは誰も予想出来なかったということを補強する材料として次のようなことがあります。

(1) マテリの動き

ベン・アリ大統領の娘婿でベン・アリ大統領の後継者と目されていたサクル・エル・マテリ(三〇歳)は一月十一日に妻子をモントリオールに連れていっている(妻が第三子を身ごもっていてモントリオールの産科医の診断を受けるため)が一月十三日に国会で演説するためにチュニスに戻ってきています。ベン・アリ政権崩壊の一日前に戻って来ているというのは一番身近な親族でさえ一月十四日の出来事を予想していなかったことを強く示唆しています。

(2) モルジャン外相(注)の外交団への説明会

一月十三日にモルジャン外相はチュニジア駐在の各国大使を外務省に呼び、チュニジア情勢の見通し(やがて沈静化するとのこと)、ベン・アリ大統領が取った措置(若者の失業者を救済する政策など)について説明会を開きました(筆者も出席)。

モルジャン外相の表情、言動に、翌日十四日に政変(ベン・アリの国外脱出)が起きる事を予測させるようなものは何もありませんでした。モルジャン外相は終始落ち着いていて、静かな自信さえのぞかせておりました。

（注）ジュネーブのUNHCRで緒方貞子氏の下で働いたことがある。緒方氏を深く敬愛しており、そのことから、大変親日的であった。

（3）仏外相のチュニジア滞在

諸外国の中で一番チュニジアに近いフランス（フランスは一八八一〜一九五六の間チュニジアを保護領として統治していた）さえ今回の政変を予想できず、フランス外交の失敗とされ強く批判されています。フランスのアリオ・マリ外相（女性）がクリスマスから新年にかけての休暇をタバルカ（チュニジア北部の海岸沿いに位置するリゾート地）で過ごしていたことが明らかになり、仏国会で野党から厳しく追及されています。この時期には既に各地に暴動が広まりつつありました。こんな時期にチュニジアに休暇を過ごすためにきていたのはこのフランスの外相がチュニジアの暴動はやがて鎮圧されて平常に戻るだろうと判断していたことを示唆しています。現に仏外相は「ベン・アリ政権の崩壊は誰も予測出来なかった」（二月三日ル・モンド紙）と言っております。また、メナ駐チュニジア大使は、在任中、反体制派の人たちとほとんど接触せず、今回の政変の見通しも甘かったとのことで更迭されたと言われています。

（注）仏外相は、ベン・アリ大統領に近い人物とされる実業家アジズ・ミレード氏とレイラ夫人の長兄が所有するジェット機を利用し、無料でチュニジア国内を移動したとして非難されている。この滞在中、外相はチュニジア人から不動産物件を購入している。

3. 前原外務大臣（及び大畠経済産業大臣）のチュニジア訪問（十二月十一日、十二日の日本アラブ経済フォーラムに出席のため）

前原大臣には十二月十一日、十二日のチュニジア滞在中、車に同乗する時間がかなりあり、色々お話することができました。ベン・アリ大統領が二十三年も大統領をやっていること、ベン・アリは一九五六年のチュニジア独立以来まだ二人目の大統領であること、二十三年もやっていると独裁的、強圧的政治となり、国民の中に不満がたまっていること、しかし年五パーセント程度の経済成長がここ二十年くらい続いており、国民はそれなりに成長の果実の恩恵を受けているため今のところ不満は押さえられている、と説明しました。さらに私より、諸外国特にEU諸国はベン・アリ大統領の政治に言論の自由がないこと、人権が十分に守られていないことについて批判していること、但しEUの中にも比較的寛容な態度を取るフランス、イタリア、スペインと、厳しい態度を取るドイツ、オランダ、フィンランド、ベルギーなどとに分かれている旨説明しました。また、ベン・アリ大統領は前立腺ガンに罹っていると言われており、当地駐在の大使達の間ではベン・アリが健康であるかどうかがよく話題になる、ベン・アリ大統領に会った大使は他の大使に観察した感想を教

前原外務大臣、大畠経済産業大臣による表敬訪問が終わり、くつろいだ表情を見せるベン・アリ大統領。左端が著者。

えている。今日大臣の大統領への表敬に同席させていただき、大統領の顔色をじっくり観察できたがとても病人とは見えなかった、と述べたら、「確かに健康そうでしたね」との発言があり、「多賀大使は他の大使に大統領の健康状態について教えて上げられますね」との発言がありました。

以上、色々申し上げましたが

Revolutions are "inevitable" only in hindsight.（Newsweek 二〇一一年一月三十一日号）

「革命が起きる事は『避けられないことであった』、とは事後になって初めて言えること」という言葉は的を射ていると思います。

4．今回の政変の発生に寄与したと思われる出来事、背景など

（1）二〇〇九年十月の「La Régente de Carthage（大統領府の女主人）」の出版

ベン・アリ一族、特にレイラ夫人の一族の国民、国家からのあこぎな富の収奪の様子をフランス人ジャーナリストが克明に調べ明らかにしたこの本の出版は大きなインパクトを与えたと思われます。当時当地外交団の間でこの本が頻繁に話題になりました。この本のチュニジアでの販売は禁止されましたが主たる内容はインターネットを通じチュニジア人の多くの知るところとなったようです。

（2）ル・モンド紙記者の入国禁止

二〇〇九年十月の大統領選挙を取材するために入国しようとしたル・モンド紙記者が空港で入国を拒否され、フランスに返されました。

この記者は以前よりベン・アリ批判の記事を書いていたので当局が大統領選挙について批判的記事

を書かれるのを恐れてこのような措置をとった模様。

　直ぐ後、チュニジアにおいてル・モンドは発売禁止となり、それはベン・アリ政権崩壊まで続きました。私にとってはフランス語の貴重な教材を失ったということのほかにヨーロッパのメインストリームの知的空間から隔絶されてしまったのだという孤立感・ストレスをその後抱えることになりました。

（3）二〇一〇年九月から行われたベン・アリ大統領再選運動

　マテリ、政権与党 RCD が音頭をとってベン・アリ大統領に二〇一四年の選挙にも出馬して国民を導いて欲しいという運動を始めました。

　ベン・アリ大統領は二〇〇九年十月二十五日の大統領選挙で再選（五回目の大統領選挙、四回目の再選）されており、任期は五年二〇一四年まで大統領を務めることになっていました。この運動は二〇一四年の選挙にも出馬して欲しい、つまり出馬すれば当然選ばれるので、そうなると二〇一九年まで大統領を務めることになります。つまり二〇一九年まで大統領を努めて欲しいという運動である訳です。国民からすれば二〇一〇年から数えるとあと九年もベン・アリの強権政治に耐えていかなければならないということになり、「いくら何でもそれはあんまりだ、いい加減にして欲しい」と感じたに違いありません。

（4）ウィキリークス（すさまじい内容）

　二〇一〇年十二月、ウィキリークス上で、ベン・アリ大統領、レイラ夫人一族の腐敗と贅沢な生活ぶりを描写した駐チュニジア米国大使のワシントン宛て公電を一般のチュニジア人が読めるようになりました。この公電から米国政府がベン・アリ政権を批判的に見ていることがわかり、これがチュニジア人の反ベン・アリ・デモを勇気付けたと見る向きがあります。（この点については「大阪学院大学通信」二〇一七年四月に掲載の論考「ウィキリークスで明らかにされた米国の外交公電――チュニジア革命（二〇一一）前夜――」で詳しく述べた。）

（5）十二月十七日Muhammad Bouazizi青年の焼身自殺

チュニジアの中南部の町Sidi BouzidにおけるBouazizi青年の焼身自殺とそれに触発された抗議運動に対する当局の弾圧から発した暴動が全国的に広がり、それがベン・アリ政権の崩壊に至るとは誰も思いませんでした。二〇〇八年のガフサ暴動（リン鉱石採掘会社による雇用をめぐる住民と会社の対立から発した暴動）程度の暴動に拡大するかも知れないが、ベン・アリ政権の屋台骨を揺るがす事件になるとは思いませんでした。

（6）二〇一〇年十二月二十八日に日本大使館ではその年の勤務が終了し、年末年始の休みに入りましたが、その翌日十二月二十九日は私はスベイトラ（チュニスから南西の方向に二二〇㎞）遺跡視察にゆくつもりでした。

スベイトラはSidi Bouzidに比較的近いが（約五〇㎞）、危ないという情況にはなっていないだろうと考えていました。

私の運転手（チュニジア人、facebookをやっているなどＩＴに詳しい）が二十八日午前の時点では「大丈夫でしょう、行きましょう」と言っていたが、二十八日午後になって「用心してスベイトラは避けたほうが良い」と言い出しました。これを受けて安全策をとって、目的地を切り替え、チュニスの西方一〇〇㎞にあるドッガ遺跡に行くことにしました。あとで振り返ってみて十二月二十九日にスベイトラ付近で大きな暴動などあったとは聞かないが、運転手が二十八日午後に至ってスベイトラ行き中止を勧めたのは、何か根拠があったからでしょう。この運転手は日頃、facebook、Al Jazeera などで情報をとっているので、Sidi Bouzid や Kasserine 付近で暴動が頻繁化し拡大していることを知ったのでしょう。（一二月七日、あらためて本人に聞いたところ、これら地域で暴動が広がりつつあることを facebook で知ったので、外交官ナンバーの車は民衆が騒ぎを大きくするために格好の標的とする可能性があり危ないと思い、スベイトラ行きの中止を勧めたとのこと。）

（7）Bizerte でも暴動発生

一月に入って数日後、チュニスから見て南部、内陸の地方（Sidi Bouzid や Kasserine）だけの暴動かと思っていたが、フランスのラジオ France Info で Bizerte（チュニスから北方八〇㎞にある港町）でも暴動が発生したと聞いて随分拡大したものだとびっくりしました。

内陸の都市だけではなく、それまで暴動など聞いたことのない沿岸の都市まで飛び火したのです。

（8）一月八日、九日の週末のデモでの警察の銃撃による死者数が三〇人以上にのぼりました（政府の発表では一四名）。それまでのデモでは死者数は一桁でしたので急に増えたことになります。多くの国民はベン・アリが民衆に対し実弾を使用して弾圧せよとの命令を治安部隊に下したと思ったに違いありません。

（9）一月十三日夕方ベン・アリ大統領の演説

二〇一四年の大統領選挙に出馬しないことを明言しましたが、これから三年半先のことです。つまりあと三年半は大統領の座に居座るということであり、国民の反発を招くだけの効果しかなかったでしょう。

（10）　一月十四日になってベン・アリは国会の選挙を六ヶ月以内に行うと言明しましたがそれは三年半先の選挙を六ヶ月先に前倒しするという話で、国民からすれば六ヶ月でも先すぎるし、大統領職の方は相変わらず三年半も居座る訳なので到底受け入れられないと思ったでしょう。

三年半、六ヶ月という数字が出てきて、これから数字をめぐってあとどのくらい短くするかというやりとりがベン・アリと国民の間で行われると予想されました。何ヶ月とは言わないまでも、少なくとも何週間はそのやり取りに当てられるものと思いました。まさか同じ日、十四日の午後にベン・アリが国外脱出、政権が崩壊するとは全く予測できませんでした。

Ⅳ．チュニジア史上初めての民主的選挙（二〇一一年十月二十三日）を控えて書いた所感（二〇一一年十月十九日に編集）

「アラブの春」の先駆けとなった二〇一一年一月十四日のチュニジア政変を体験した者として、記憶が薄れないうちに当時の雰囲気を書き留めておいたほうが良いと考え、この程文書にまとめてみました。また、十月二十三日にチュニジア始まって以来初の民主的選挙である制憲国民議会選挙を迎えるというこの時期に一度立ち止まって分析をしてみるのは意味のあることだろうと考えて書きました。語りかける相手、読者としてまず想定したのは政変後当館（駐チュニジア日本大使館）に着任した館員です。今後の仕事のこともあり彼らに当時のことを理解してもらいたいという気持ちで記述しました。

雰囲気を身近に感じてもらいたいとの考えから、第一人称を主語とする文体で書きました。チュニジア政変の歴史的評価が決まるにはまだまだ時間がかかること、私の個人的感触が各所で述べられていることから、この文体にしました。

1．前書き
2．大使館備え付けの非常食
3．崩壊は歴史的必然か
4．今回の革命はフェイスブック革命か

1. 前書き

どうして今書くのか。

今日は二〇一一年九月二十四日である。

今年一月十四日（金曜日）の午後、ベン・アリが国外脱出してから八ヶ月と一〇日が経った。

他方、これからのことを思うと、十月二十三日にはチュニジアで初めての民主的選挙が行われる。（ベン・アリ時代一度も選挙に行ったことのない私の運転手のイリエスも今回は投票すると言っている。）憲法制定国民議会の議員を選ぶ選挙が行われるのである。現時点から同選挙まで一ヶ月を切っている。政変から八ヶ月以上経って、当時思ったことの記憶が段々薄れて来ているし、これからますますその傾向は強まろう。憲法制定国民議会の選挙が近づくにつれ大使館の仕事も多忙になり（日本から選挙監視団が来る予定）、政変を回顧する余裕は無くなってしまうだろう。そう考えると、今この週末に書いておかなければ永久に書きとどめる機会を逸するのではないかという不安に襲われる。果たして読んでくれる人が居るのか、居るとしてもほんの少数の人しか読んでくれないのではないかと思う。どれだけ読まれるかの点は別にして、いや余り読まれないとしても、「アラブの春」の発端となったチュニジアの政変、二十三年もの長い間独裁政治を行ったベン・アリ政権の崩壊、俗に言う「ジャスミン革命」を現地で、大使の立場で観察し、関与し、生きた人間として、その経験を書き残しておくのは義務ではないかと考えるに至った。

一月十四日のベン・アリの国外脱出という事件が一番のキーとなる日付であるが、それ以前にデモ、デモと治安部隊との衝突、夜間外出禁止令の発出という事態があった。夜間外出禁止令で午後五時を過ぎると外出が禁止になったので、館員は自宅に帰れなくなり、大使館で寝泊まりするようになっていた。私はといえば、一月十三日から公邸のあるカルタゴ地区は大統領府があることから、その地区の道路は封鎖され、公邸に閉じこめられるという状況になった。一月十四日以後は、ベン・アリが残していった大統領警備隊がチュニスを騒乱状態に陥れることを目的として、各地で銃を発砲し、商店を襲って略奪、車両を破壊し、焼いたりして市民を混乱の淵に陥れた。こういう事態になり、私は、約二〇〇〇人居た日本人観光客、約一八〇〇人居た在留邦人の安全、そして大使館員の安全が確保出来るのだろうかという不安で頭の中がいっぱいになった。

結果的には一人の死者、いや一人の負傷者もださず、本当に良かったと思う。最初の時点で感じたこのような不安は小さくはなかったが、幸いなことに、これに押しつぶされそうという気持ちにはならなかった。

思えば外務省に入って（一九七四年）、研修をした英国から帰って（一九七七年）本格的に外務省員としての仕事を始めた矢先の一九七七年九月に起きた日本赤軍によるダッカ・ハイジャック事件、その事件を外務省員として経験したことが思い出された。本省で一週間以上徹夜で働いた。バンクラデシュを担当するアジア局南西アジア課に配属された事務官であったのでこの事件に関わることとなった。外務省生活の始めにダッカ事件という緊急事態を経験した当時二七才の私が、今度は外交官生活のおしまいに近付いたこの時期（私は六〇才と三ヶ月になっていた）に再び緊急事態を経験するのか、これも何かの縁ではないか、外交官生活冥利に尽きるのではないか、と思うことにした。自分にそう言い聞かせ、そう思い込むと、不思議なことに前向きな気持ちが湧いてきた。

ここで不安の大きさに押しつぶされ、鬱状態に陥る人もいるのだろうが、私についてはむしろハイな気持ちになっていた。自分はおそらく流れ弾にあたるようなこともないだろうし、他の館員、在留邦人、邦人観光客も結局のところ全員無事でこの政変を乗り切ることになるのではないかと思った。しっかりした根拠や自信があっての気持ちではなかったが、とにかくそう思ったのである。見通しが全く不透明で、心配すればきりがない状況であった。根拠はなくても前向きな気持ちで対処する方が結局、良い方向に行けるのではないかと、今振り返って思う。一時期、「鈍感力」という言葉が流行ったが（作家の渡辺淳一氏がこの言葉を題名にした本を書いてベストセラーになった。筆者は親交のある同氏より署名入りの同書を頂いていた。）、ある程度の鈍感さがあったほうが良いし、悲観的より楽観的な見方に立ったほうが良い。楽観的と言ったが、軽率や軽挙妄動が良いと言っているのではない、慎重に行動すべきなのは言うまでもない。私が言っているのは緊急時における気持ちの持ち方についてである。

2. 大使館備え付けの非常食

私は二〇一一年一月十七日の夜、警察の保護のもと、公邸を脱出し、チュニス中心部にある大使館事務所に移った。その夜は大使室に泊まった。大使室には私の他に、公使と公邸料理人の原田君（仮名）、全部で三人が泊まった。もう一人泊まる予定の人がいたが、寝にこなかった。三人で一部屋、一種の雑魚寝である。私と料理人は翌日から一週間、シェラトンホテルに移ってそこで寝泊まりした。シェラトンでは、他に部屋を二つ、三つ取り、館員が交替で泊まりに行った。ホテルに泊まる館員はシャワーを浴びられるので喜んだ。ホテルに泊まらない館員は日中の一、二時間、危険の少ない時間帯を選んで、自宅に帰りシャワーを浴びていたようだ。

さて非常食について話す。いくら高邁なことを考えようとしても、考える主体である人間が生物体として維持されなければ考えることさえ出来ない。人間は外部からエネルギーを得るがそれはひとえに食べ物を摂取することにより可能になる。生きてゆくためにはまず食べることである。豊穣の平和な日常生活では様々な虚飾に覆われて、前面に出てこないが、人間は悲しいかな、動物であり、動物は生きてゆくためにはとにかく食べなくてはならない。あさましいが、仕方がない。

館員は私より二日くらい早くから大使館備え付けの非常食を食べていた。私は皆に加わって一週間くらい一緒に非常食を食べた。

味は、当時は「なかなか美味いではないか、少なくともまずくはない」、と自分に言い聞かせた。だが今振りかえって言うと余り美味しくなかったというのが本当のところだろう。非常食を毎日食べるというのは普通にはないことなので、物珍しさも手伝って（まるで中学、高校のキャンプ生活のような感じさえした)、「ひょっとしたら美味しいのではないか」と思って食べていた。「鯖のみそ煮」の缶詰、「すき焼き」の缶詰、コーンの缶詰、水を入れるだけで食べられるご飯、それに安倍川餅まである。安倍川餅は、袋から出すと、薄くて白い軽石のようであり、固くてかさかさしている。ところが水に浸すとあっという間に柔らかい餅になる。これにきな粉をかける。これは優れものだと感心してしまう。でも面白いと思ったのはここまでだ。三、四日経つと、食べ物も第二巡目に入り、物珍しさは消えてゆく。この非常食より日本のコンビニで売っている缶詰、レトルト食品の方が遥かに美味いということに段々気づいてくる。コンビニのインスタントラーメン、うどん、例えば、「どん兵衛」など本当に美味いと改めて思い出す。大使館備え付けの非常食は賞味期限五年になっているので、五年もたせるためには味を犠牲にせざるを得ないということなのだろう。日本のコンビニで買うカップヌードルなど賞味期限は六ヶ月くらいである。意外に短いのである。大使館の非常食の製造者はどういう訳か小さい企業である。ハウス食品のレトルト・カレー(これには包装がなく、ラベルも文字だけの業務用という感じで何とも味気ない外見である)が例外でそれ以外はそれまで聞いたことのない会社が作ったものである。前述のすぐれもの、安倍川餅は長野県の「おむすびころりん本舗」という会社が作ったものである。

毎日非常食ばかりを食べていて感じ始めた。新鮮な野菜、果物がない。ないから当然食べられない訳だが、それは体に良くないと感じ始めた。缶詰に入ったつぶつぶのコーンはあったが、野菜はそれだけだ。新鮮な野菜は、一月十四日以降スーパーマーケットが焼き討ちにあって(ベン・アリの親族が経営しているということで狙われた)閉まっていて買えない。焼き討ちに遭わなかったスーパーも略奪をおそれて閉めたままだ。野菜は今頃みな腐っているだろう。新鮮な野菜や果物を食べないと、腸にたまった食べもののかすが排泄されない。野菜や繊維質の多いものを食べて、嵩を増やして大腸の内側の粘膜を刺激し蠕動運動を起こさせる、それが排便に繋がる。嵩が少ないと蠕動運動はおこらず、食べ物のかすは長時間大腸に滞留し、それが毒素を発生する。これが大腸ガンの一番の原因だ。そこまで行かなくとも、腸捻転を引き起こし易くなる。三月十一日に発生した東日本大震災で家を無くして避難所で長く暮らしていたおばあさんのうち何人か腸捻転で死亡したというニュースを聞いて、身につまされた。配られたおにぎりと菓子パンしか食べるものがなかったのだろう。野菜が沢山入った豚汁の炊き出しが始まったのは、しばらくしてからだった。

ここで不安に感じられたのは、治安が回復せず、スーパーはずっとしまったまま、生鮮食料品はずっと手にはいらない状態が続く、という憂慮すべきシナリオである。銃撃戦が止んでも、生鮮食糧品を入手出来る見通しがないなら、邦人はヨーロッパに早く待避したほうが良い、日本に帰ったほうが良いと思った。実際には一週間ほどしたら、店が開いてきて、野菜も少しずつ出回ってきた。もっとも最初のうちは、しおれた菜っ葉ばかりだったが、それもすこしずつましになって来た。やっと危機を脱したと思った。

(注1) ところでカダフィは今も(九月二十七日現在)リビア国内に潜んでいるらしい。彼はどういう食事をしているのだろうか。野菜や果物をちゃんと食べているのだろうか。チュニジア政変を一週間非常食で生きた者として大いに気になる。彼の場合トリポリが陥落したのが八月二十七日頃だからもう一ヶ月も、非常食で生きていることになる。ずいぶん頑張っているなあと感心する。腸捻転は大丈夫だろうか。

(二〇一七年五月注)

カダフィは二〇一一年十月二十日リビアの出身地シルトにおいて殺害された。

（注2）　緊急時には、楽しみは、食べることくらいしかないという状況になる。レトルト食品だけでは、大使館員の士気は上がらない。

一月十五日は午後二時ころから二時間ほど大使館に行けたので、料理人に作らせたおにぎりとおかず、2品くらいを届けた。

一月十六日はまたおにぎりとおかずを作ったが、治安情勢が悪化、大使館に届けられなかった。一段落した一月二十二日には館員（応援出張者を含め15名くらいいた）にハンバーグ定食を配った。

一月二十三日にはパエリャ、スープ付きを配った。喜んでくれたようだ。

3．崩壊は歴史的必然か

ベン・アリ政権の崩壊は歴史的必然だったのか。

昨年（二〇一〇年）十二月中旬頃からチュニジアの南部（地図上ではむしろ中部）のカセリン県、スィディブ・ズィッド県で若者が騒動を起こしているということが伝わってきていた。単発的な出来事として終わるのかと思っていたが、なかなか騒動は沈静化しない。今までの同種の騒ぎより大きいのだろうかと思った。その動きを、I書記官が調書にまとめて、十二月二十八日の御用納めのころ、決裁に私のところに上げてきた。色々な事件がグラフや地図を使って説明された工夫をこらした調書であった。最後の締めくくりのところで「今回の一連の騒動は今までより広がりのある出来事であるが、ベン・アリ政権の屋台骨を揺るがすことにはならないと思われる」と書いてあることに、ホッとして、サインしたこと覚えている。

これからも分かるように、一月十四日にベン・アリ政権が崩壊するとは、当館は私も担当書記官も思っていなかった。(二月十一日に政権に近いはずの演出家で日頃懇意にしていたチュニジア人のR女史が芸術家達の平和的デモに参加したところ、警察官に殴打されて、負傷したことを私は知ってびっくりした。あのRさんまでこんな目にあうのか。こんなことをしていると、ベン・アリ政権は持たなくなるのではないか、と初めて実感を持ってベン・アリ政権の崩壊の可能性を思い浮かべた。それでも一月十四日という早い時期に崩壊するとは予想しなかった。)他の大使館もチュニジアの政府高官も(一月七日に会ったLアジア局長も「南部の騒動はまもなく収束する、心配する必要は全くない」と言っていた)思っていなかった。デモをしていた当のチュニジア人の若者達もベン・アリ政権が崩壊するとは思っていなかっただろう。

「崩壊は誰も予想していなかった」ということについては、二月八日に書いた所感に詳しく述べたので参照していただきたい。

「崩壊は誰も予想していなかった」、ということは今でも正しいと思う。そもそも「崩壊」と言っても果たして起きたことは本当に崩壊だったのかという根源的な疑問の提起だってあり得る。ベン・アリは確かに国外に出たが、もともと用が終わったら帰るつもりであった、事態が急変して帰って来れなくなったと言うに過ぎないとも言えるのではないか。

もともと悪事の限りを尽くし、いつか自分の身が危うくなるのではとの不安を抱いていたレイラ夫人が、今回の大衆によるデモのこれまでにない大きさに驚き、恐怖の念に襲われた。あげくのはて、しばらくチュニスを離れ、保養地、ジェルバで数日過ごそうと決断した。一人でジェルバに飛ぶのは心細いので、「あなたも一緒に着いてきなさい」とベン・アリに言った。半狂乱の夫人から怒鳴られた、ベン・アリはしかたなく飛行機に同乗した。着いたのはジェルバではなくサウディ・アラビアであったが、ベン・アリは翌朝、夫人を残してチュニスに戻るつもりであった。ところがチュニス中に騒乱が広がったため、帰国できなくなった、という説がある（ルモンド紙（二月六〜七日））。二、三日後、ベン・アリはガンヌーシ首相に電話してきて、「もうチュニスに帰ってよいか」と聞いてきたので、首相が「とんでもないです。こちらはそんな状況ではないです」と答え、帰国を押し止めたという報道がある。（別の説としてベン・アリは大統領警備隊長のアリ・セリアティに騙されて飛行機に搭乗したという説もある。）

ふと国外に出てみたが、その後の状況変化で帰国出来なくなったということを、「政権崩壊」と呼ぶのだろうか、「革命」と呼ぶのだろうか。政権側と反政府側との間で血みどろの戦いの果てに、政権が崩壊したり、革命が起きるというのが普通である。ベン・アリの場合はこれらのことがあてはまらず、何だか迫力がない。

「自分は今回の革命を予想していた」「歴史的必然である」という人がいたら、これら発言は後知恵に過ぎないと思う。歴史に必然はないと思う。偶然の重なり合い、繋がりがあるだけだ。必然であった、と言ったほうが、知的に見える。「自分はその後の情勢を見通していた」「自分には見通す知性があった」と威張れるので「歴史的必然」を持ち出すのだ。何か大きな強い者の側に立って、自分も偉いと安心したいという人間の浅はかな気持ちのあらわれではないか。混沌とした過去の事実がただ無造作に並んでいるよりは、たとえ無理があっても、整頓されて相互の関係付けがなされ、全体として意味がある形で示された方が安心出来る、そうして欲しいという願いが人間にはある。

ベン・アリがレイラ夫人に同行せず、国内にとどまっていたらどうなっていただろう。

ベン・アリはすぐ後に起きたエジプトの例のように（注）、あるいはイエメン、シリアの独裁者のように、少なくとも数週間、いや何ヶ月も持ち堪えたのではないだろうか。

国民の怨嗟の第一ターゲットだったレイラ夫人がいなくなったから大きなガス抜きになっていただろう。

（注） エジプトでデモが起きたのはチュニジアであまりにもクリーンヒットの形で独裁者ベン・アリが排除されたので、それに勇気づけられたという側面が大きい。ベン・アリが粘って、権力を手放さず、長期戦になっていたら、そもそもエジプト人達を鼓舞することにならず、タヘール広場のデモも起こらなかったかも知れない。

一月十四日の出来事は革命だったのか。ベン・アリ政権の崩壊は革命だったのか。これにたいする答は、今後しっかりした民主的な政府が出来るかどうかで決まる。もし出来なければ、何の為の革命だったのか分からなくなるということだと思う。

しっかりした民主的政府ができなければ、十二月十七日（ブアジジ青年の焼身自殺未遂）から一月十四日までの出来事は革命と言えるほど立派な出来事ではなかった、ただの騒擾、政治的混乱にすぎなかったということになろう。十月二十三日の憲法制定国民議会の選挙は現時点では無事とり行われそうであり、そのことは喜ばしい。

問題は選挙の後である。

選挙の結果がすべての政党によって了承されるか否かである。

各政党が選挙結果に満足し、政党間で合従連衡が行われ、安定的な民主的政府が作られるかどうか、それが一番の問題である。

4．今回の革命はフェイスブック革命か？

自民党か民主党（当時）の若手議員がチュニジア革命は「フェイスブックというＩＴ時代の新しいコミュニケーション手段が起こした革命ではないか」という質問を外務省にしたようで、本省からこの点、調査するよう訓令が来た。正式な訓令というよりは担当官ベースのメイルによる指示のようだった。

質問をした議員は外務省から「そうです。フェイスブックがもたらした革命です」という答を得たいのだろう。フェイスブックは日本ではこの時点であまり知られていなかったので、フェイスブックを云々すると、時代の先端を行っているように見られるということを意識した質問なのだろう。

一月十四日にベン・アリの国外脱出、十五、十六、十七、十八日とチュニス市内で銃撃戦が行われていた。治安がまだまだ落ち着いていない十九日頃にこの指示が来たようだ。

私は情報収集のため普段から懇意にしているルーマニア大使（ルーマニアはＥＵに加盟しているので、当地のＥＵ諸国大使達の見方を聞くことができる）を二十日に、ＥＵの主要国の一つで情報通の国の大使（アラビア語が出来る）を二十一日に訪ねた。

その大使館はチュニス湖沿いのベルジュデュラックという地区に最近建てられた砦のように頑丈な建物である。建物の中に案内されて大使の部屋に行く途中、階段の踊り場や廊下にミネラルウォーターとミルク（長期保存用で紙パックにはいっている）がところ狭しと積み上げられていた。非常事態は続いているのである。そういえば、日本大使館の私の部屋、大使室でも館員用の非常食糧を納めた段ボール箱がうずたかく積み重ねられている。

このフェイスブックについての調査の指示は、大使館員が毎日を如何に生き延びるか、如何に約二〇〇人居た邦人観光客を一人のこらず国外脱出させることができるか、と苦闘する日々が続き、やっと一息つけるか（一月十八日に大口の邦人観光客グループが出国した）というときに来た。フェイスブックどころか、そもそも政権崩壊の原因すら振り返って考える時間がない時に来た。東京の人たちは評論家気取りに熱心で我々現地の人の気持ちを知ってくれていないなあと思い、違和感を覚えた。

同大使は訪れた私に対し、冒頭「これまで日々に対応に追われ、情報の分析・整理を行う余裕が全く無かった。まだ本国にも分析電報を書いていないが、折角貴大使が来られたので一緒に考えてみよう。」と述べた。

「これまで日々の対応に追われ、情報の分析・整理を行う余裕が全く無かった。」とはまるで私の台詞ではないか。この部分をしっかり報告電報に書いて東京に送ろうと思った。実際、送ったけれど東京は私の抱いた違和感を分かってくれただろうか。

フェイスブックに話を戻す。

「今回の革命はフェイスブック革命か」についてであるが、同国大使やその他の情報を総合して考えると、確かに今回の民衆蜂起の過程でフェイスブックが果たした役割は大きいといえる。それまで、チュニジアで政府批判すれば身の危険があり、それを理由に人々は不満表明を控えた。しかしフェイスブックにより、他にも政府批判を行っている人々が数多く存在すると分かり、人々は身の危険を感じずにネット上で自由に意見表明を始めたと言える。

民衆の意見表明の方法として、街頭デモなどの物理的な方法とネット上での意見表明の二通りがあるが、今回の蜂起に至る過程では、教育水準の高い若者達がフェイスブックで活発に意見表明を行った。こうした若者達は、連帯の印として、フェイスブック上の自らのプロフィール写真に代えてチュニジア国旗を掲載したが、国旗を掲げる友達の輪がフェイスブック上で急速に拡大することで、若者達がますます自分の身に危険が及ぶことはないと考えるに至り積極的に意見表明するようになった。

こういうことが起きる基本的で重要な背景として、チュニジアではインターネットの普及率が高いこと（アフリカ諸国で一番かあるいは南アフリカに次いで二番と言われる）、いくつかのサイトは当局によってブロックされているが、メイルは自由に可能であり、貧しい人々でも携帯電話を保有していたということがある。

次に、先にもふれたが、チュニジアの教育レベルの高いことが挙げられる。若者の三六％が大学を卒業しており、また大学教育はフランス語で行われていることから、フランス語を話せる人口が多い。さらに英語を話せる人も増えている。こうした人々は仏語・英語を駆使して世界中から情報収集をしていた。

以上に加えて、重要な要因として、ベン・アリ一族の富の収奪、汚職、ネポティズム、それに対する国民の鬱積した不満、反発がある。これらが若者の失業者の多さ、地方の貧困と相俟って民衆運動に発展したのだろう。こういう実質的な要因が積もり上がっていたところにフェイスブックが情報伝達の有効な手段として使われたのだ。

フェイスブックが有効な役割を果たしたのは確かだが、フェイスブックだけでは革命は起こらなかったことも理解しなければならない。

5. ベン・アリ大統領はどのくらい悪い人物か

ベン・アリは軍人あがりで、内務大臣（警察を所管する）を経て首相になり、初代大統領であるブルギバ大統領からいわゆる「無血クーデター」で権力を奪って大統領になった（一九八七年）。

フランス語で書かれた本を読んでいるとベン・アリが内務大臣をしていわば警察官の親分であったことから、ベン・アリを軽蔑して flic と呼んでいる記述に出会うことがある。日本語で警察官を軽蔑して言うとき「ポリ公」と言うが（今では死語になったのかも知れないが）、要するに、ベン・アリはポリ公あがりの知的レベルの低い男だ、と見られていた。一九九七年、フランスのジョスパン内閣の外相だったユベール・ベドゥリンヌがベン・アリを評して「あいつは、先ず何と言ってもポリ公だ。しかも大馬鹿のポリ公だ」と述べている。またベドゥリンヌは二〇〇〇年にジョベール元外相に「ベン・アリは憲兵の知的レベルにも達していない馬鹿な男だ」と発言しているそうである。

ミッテラン大統領は、ベン・アリが一九九四年の大統領選挙で九九％の票を獲得して再選されたとの発表を聞いて「そんな得票率はまるでブレジネフ流ではないか。私は馬鹿馬鹿しくてベン・アリに再選のお祝いの言葉を贈る気がしない」と言ってベン・アリを批判したとのことである（Nicolas Beau と Arnaud Muller の著書二〇一一年五月発刊「TUNIS ET PARIS Les liaisons dangereuses」二五ページ）。九九％というのは如何にも嘘くさい数字である。七〇％とか八〇％台前半の適当な数字にしておけば嘘くささがへるのに、それが分からないのだろうか、と私も思う。適切な助言をする側近のいない独裁者、裸の王様なのだろう。[注1]

フランスの政治家かからはこのように厳しい評価を得ていたが（しかしシラク、サルコジはベン・アリと懇意にしていた）、私にとっては、ベン・アリは「暢気な父さん」というイメージが強い。

七五歳で数年前から前立腺ガンを患っていて、体力も気力も少しずつ弱まるなか、五四歳とまだまだ若くエネルギーにあふれ、好き勝手なことをするレイラ夫人を抑えられなくなって苦労していたようである。悪すぎた嫁をもらったかわいそうな亭主と言う感じだ。出自も性格も卑しい夫人と比較すると私はむしろベン・アリに同情する。[注2]（ちなみに、最初の夫人はベン・アリが軍にいた時の上司の娘であった。この最初の夫人との関係が冷えた時にレイラが現れたらしい。）

ベン・アリは盲愛する六才の息子モハメドと一日の多くの時間遊んでいて、大統領としての仕事は一日二時間程しかしないと噂をする人もいた。

ベン・アリがどの程度、国務を司っていたのか。事務方から大統領に国務の案件がどの程度上がっていたのか。これらは興味深い疑問である。

日本企業が関係した具体的な案件としてB発電所建設の件を見てみる。B発電所建設の件とは日本の商社Mが（英国企業とフランス企業と組んで）応札したチュニジア政府のIPP（独立電力発電）プロジェクトである。Mグループが一番札で落としたが、十一月末に突然入札手続がキャンセルになった。噂では、このプロジェクトに参加する地元のパートナーが誰になるかで、ベン・アリ一族のなかで揉めて、決まらなかったため、入札自体がキャンセルになったということのようである。ローカル・

パートナーを誰が取るか。レイラの長女の夫であるサハール・マテリが取るか、ベン・アリの最初の夫人の娘婿であるマブルークが取るかはたまた、レイラの兄弟が取るかで揉めたようである。

このように「美味しい」外国投資案件があると、親族の誰かが当該案件にローカル・パートナーとして参画し（名前を貸すだけで）、利益の一部を吸い上げるという構造になっていたことが本件からも窺える。

大統領は十二月十一日、日本の閣僚に「本件はフランスが関係している話だと聞いていた。フランス製のタービンの性能が良くないとの結論に達した。それに海から距離があるため発電コストが高くつくので中断した」と発言した。日本側より「本件は日本企業が英国企業、フランス企業と組んで進めていた案件であった」と述べたら、大統領は「もし応札したグループに日本企業が入っているということを自分が知っていたら、入札を止めることはしなかっただろう」と述べた。

大統領の発言から、案件について十分な情報が上がっている訳ではなく、むしろ意図的に操作された形でブリーフがなされていたことが想像される。側近、事務方で本件プロジェクトをキャンセルしようという意図があり、大統領の了承が得られやすいように操作された形で情報が挙げられていたと思われる。

もう一つの案件、日本政府の協力によるインフラ設備建設プロジェクトの建設費用増大の問題については概ね大統領に正確に情報があがっていたようである。大統領から首相に適切な指示がなされていたようだ。実際、本件についてはチュニジア政府から関係日本企業への支払いが十二月十四日に合意され、一月十四日（ベン・アリ国外脱出の日）に半額が支払われ（合意後一ヶ月以内に支払いが行われるのがルール。そのルールが守られた）、残り半額もその後一ヶ月以内に支払われた。革命が起きた当日、その直後の治安および政治的混乱のなかでもチュニジアの官僚機構は正常に機能していたことを示すエピソードである。

（注1）ベン・アリの大統領選挙における得票率は次の通り。
一九八七年十一月七日　ベン・アリ、無血クーデターを起こす。
一九八九年四月二日　初の大統領選挙　得票率　九九・二七％
一九九四年三月二十日　第二回大統領選挙　得票率　九九・九一％
一九九九年十月二十四日　第三回大統領選挙　得票率　九九・四四％
二〇〇四年十月二十四日　第四回大統領選挙　得票率　九四・四％
二〇〇九年十月二十五日　第五回大統領選挙　得票率　八九・六二％

（注2）二〇〇九年十月二十二日、当地のあるヨーロッパの国の大使は、着任の挨拶のために表敬した私に次のように述べている。

「自分はベン・アリ大統領を悪い大統領ではないと見ている。ベン・アリ大統領は警察官あがりでいわゆるインテリではない。しかし、彼なりにチュニジアという国を愛しており、その点で評価できる。ただ、長い間権力の座にあることから大統領の取り巻き連中が力を持ってきていることが憂慮される。特に大統領夫人とその一族が問題である。他方、ベン・アリ大統領夫人レイラ女史は、自分は狡猾（intriguing）だが愚か（stupid）な女性だと思っていたが、レイラ夫人を批判した本を読んだ後は狡猾でかつ悪賢い（clever）女性だと思うようになった。」

6．レイラ夫人とはどんな人物だったのか

ベン・アリ政権は国民の富を収奪するマフィア政権と言われた。その通りであろう。その中でも重きをなしたのはベン・アリの夫人であるレイラ（ベン・アリは最初の夫人と離婚したあとこのレイラと結婚した）である。レイラ夫人には一〇人の兄弟がいる。皆悪党である。悪党というより犯罪人であ

る。麻薬売買、ヨット強奪、地上げ、強請、企業の奪取、不法移民としてチュニジア人を海外に送りだし斡旋料をかすめ取ることなどを臆面もなく行っていた。

私はレイラ夫人とは外交団の行事で会って握手をしたことがある。意外に小柄でぽっちゃりした感じだった。チュニジアの革命に貢献したニコラ・ボー著「大統領府の女主人」の表紙に掲げられたレイラ夫人の写真は、実物より遥か美人に写っている(気の強さと品のなさと美しさが入り交じり、魔性の女というイメージを醸し出している)。

レイラ夫人は無教養で出自が卑しいとされている。バカロレア(大学入学資格)を取れなかった。大学の学士号は大統領顧問のベン・ディアを使って、フランスのトゥールーズ大学からお金で買ったとされる。

革命が起きた原因はレイラ夫人であるという見方がある。

チュニジアでは中産階級が発達している。あるチュニジアのインテリは私にチュニジアでは八〇%が中産階級であると言った。これらブルジョワジーから見ると、犯罪人のグループ(レイラ夫人のトラベルシ一族)が大統領府を牛耳っていて、好き勝手なことをやっている。その一族は教育もなし、薬、強請、地上げ、恐喝、窃盗、マフィアがやるような犯罪行為で荒稼ぎしている。何であんな唾棄すべき人々が自分達の上に居座って偉そうにしているのだろうか、と不満を持った。その不満は外国人である私からみてもよく理解できる。

チュニジア人にとってレイラ夫人は憎しみの対象としてきわめて分かり易い存在だった。憎しみは対象が具体的で分かり易くなければ爆発しにくい。この点レイラ夫人は格好なターゲットを提供したと思う。

私がニコラ・ボー（「大統領府の女主人」の著者、フランス人ジャーナリスト）と会った時（三月二十二日）、「モロッコはブルジョワジーが王室を支持しているので王室は倒れない。チュニジアはブルジョワジーが反ベン・アリであったからベン・アリ政権は倒れた。」と述べていた。これは当たっている。その後モロッコ国王は改革策を打ち出して国民の支持を維持することに成功している。一月十三日の演説でベン・アリは色々な譲歩策を明らかにしたが、もしあのとき「レイラ夫人と離婚する」あるいは「（レイラの実家）トラベルシ一族とは縁を切る」と宣言していたら、ベン・アリ政権は倒れずに済んだと言う人が何人かいる（複数のチュニジアの政府の元高官、フランス外交官など）。そうかも知れないと私も思う。

7. ベン・アリ時代はどんな雰囲気だったのか

私は二〇〇九年八月二十日にチュニスに着任した。

十月十四日、日本大使公邸で夕食会を催し西側主要国の大使夫妻を呼んだ。ベン・アリの娘婿マテリの人物像、ベン・アリの娘がその子どもをわざわざカナダに行って出産していること（カナダ国籍を取得するためである）、Nicola Beau が最近書いた本などが話題になった。この本はチュニジア国内で販売禁止。レイラ夫人のトラベルシ一族が国の財産を収奪していること、腐敗、汚職について暴露する本であった。

私は着任後、主要な国の大使を表敬訪問した。各大使から色々な話を聞くことが出来た。各大使の発言は次のとおりである。

①ある欧州の国、A国（私は二〇〇九年十月二十二日の午前中に訪問した）

二〇〇五年国際通信機構（ITU）の世界情報通信会議がチュニスで開催された。チュニジアがゴリ押しした結果開催されたものである。その会議に、本国からは大統領が参加し、演説をしたが、その中で、「報道の自由が認められていないチュニジアに於いて、情報に関する会議が開かれるのは奇妙な話だ」と述べたところ、そのくだりにさしかかると、突然会場のマイクの電源が切られた。

チュニジア政府は、一般的な報道の自由についての批判には馬耳東風を装うが、一度、その批判がベン・アリ政権批判に繋がるものになると、まるで理性を失ったかのように、ありとあらゆる嫌がらせや妨害を行ってくる。

外交活動が自由に出来ない。その最たる例は「口上書」問題である。外交団は、チュジニア政府の要人と会談したり、食事に招くことを含め、様々な行動に関して外務省に対して口上書を提出し、チュニジア政府の許可を得なくては何も行うことが出来ない。許可が出るのに時間がかかり、当日が来ても、返事がないことがしばしばである。

この口上書主義はアブドゥーラ氏が外務大臣になってから厳しく執行されるようになった。アブドゥーラ氏は情報大臣を経験した、陰険な人物である（二〇〇九年の夏に外務省賓客として日本に招待されている。私は赴任前であったが、在京チュニジア大使館でのレセプションに招待してもらって、アブドゥーラ氏に挨拶している。小柄で、田舎の好々爺然としていた、寡黙な感じであった。陰険だと言われると最初は意外な気がしたが、後にああいうタイプはなるほどそうなのかも知れないと思うに至った）。アブドゥーラ氏が外務大臣であることは我々にとって災難である。十月に内閣改造があるようだが、最も現職に留まって欲しくない大臣である。

②欧州のB国大使（女性）

チュニジア政府の女性官僚と懇意になった。

自分の国Bに行くのでBのことについてブリーフィングして欲しいというので快諾した。このため外務省宛に口上書を出して面会を申し入れたのだが、二ヶ月を過ぎても返事がないのでこの政府職員に会えずにいる。このような国は尋常ではない。

チュニジア人の多くはにこやか（souriant）で、感じが良い（aimable）が、本音を語ることを恐れているようだ。その笑みをたたえた顔の裏で実際には何を考えているのかよくわからず、チュニジア人との人間関係においては常に不透明さ（opacité）が支配している感じだ。

先日、本国から閣僚がチュニスを訪問した。大使公邸で夕食会を開こうとしたが、被招待客リストについて外務省から許可がなかなか下りず、大変であった。許可が下りたのは前日であった。この国で仕事をするのは frustrating（イライラさせられストレスが多い）である。

北朝鮮でも報道の自由がなく指導者の個人崇拝が行われているが、同国は全体主義かつ貧しいので理解出来る。他方、チュニジアは豊かになったのにもかかわらず、報道の自由がなく、大統領の写真が街に溢れ個人崇拝が行われているのは奇異である。

③欧州のC国大使

この国には言論の自由がない。電話は盗聴されている。人権も尊重されていない。(注)

（注） この大使はこの何ヶ月かあと、本国に「チュニジアでは人権は守られておらず、言論の自由もない」と報告した。この報告の中身をC国議会で外務次官が読み上げたのが、チュニジアの外務大臣アブドゥッラー氏の知るところとなり、アブドゥッラー氏はC国政府に圧力をかけ、この大使をチュニスから引き上げさせようとした。これに対し、当地のEU大使達は団結して、C国大使を守るため、チュニジア外務省にC国大使を追い出そうとする工作は止めるよう申し入れた。
このC国大使は二〇一〇年十二月に当地を離れ駐アルゼンチン大使になった。EU大使達は「任期は少し短縮されたが、アルゼンチン大使のポストは昇進と言えるので、彼にとっては良かった」と私に話していた。私はC国大使はあと一ヶ月いたらベン・アリ政権の終末を見ることができたのにと思った。

④欧州のD国大使

この国に言論に自由はない。我々のこの会話も盗聴されている。チュニジアは豊かになっているし、教育レベルも高いので言論を自由化してもこの国は持ち堪える余裕は出来ている。

これら大使達から異口同音にチュニジアという国が言論、人権弾圧、警察国家であると聞き、なんという国に赴任したのだろうと少し気が滅入った。欧州のA国の大使の、国際会議でチュニジア政府が電源を切ったという話、反政府系チュニジア人の裁判を館員にフォローさせた当地の北米の国の大使がチュニジア政府の不興を買ってしばらくして離任したという話に少なからずショックを受けた。

●二〇〇九年十月　大統領選挙

チュニスの郊外 El Kram の見本市会場でベン・アリ大統領再選祝賀レセプションが開かれ、各国大使夫妻も呼ばれた。私はこのときレイラ夫人と初めて握手をした。意外に小柄。感じ悪かった。一国の元首夫人なのだから、エレガンス、というか鷹揚さをもってほほえんで握手すべきなのに、ぷいっと横を向いて握手に応ずるという感じであった。言ってみれば、場末の安キャバレーのママという感じであった。自分はことさら嫌われたのかと心配になって当地の懇意にしている他国の大使にこの話をしたら、レイラ夫人はどの国の大使に対してもこのような態度をとるとのことだった。

●ベン・アリは親日的であった

二〇〇九年十一月十九日、信任状奉呈式が行われた。

奉呈するとき一分くらい大統領と二人だけで話せる時間がある。英語かフランス語かアラビア語で話すようにとのことで、私の場合、英語かフランス語である。チュニジア外務省アジア総局長の助言を求めたら、「フランス語で話したほうが良い。フランス語だと大統領は答える可能性があるからだ。他方、英語で話しかけると大統領は聞くだけで反応をしないだろう。」とのこと。

そこで私はフランス語で話した。陛下からのご挨拶を伝えたらにっこり笑って「陛下はお元気か」との反応。日本に好意を持っていることは明らかであった。一九九六年日本を国賓として訪問している。その時日本の発展に感銘を受けている。天皇皇后両陛下は大統領を丁寧にもてなされ、ベン・アリは感銘を受けたようであった。

閣僚に「日本を見倣うように」と指示していたようだ。ベン・アリは「日本は資源がないが国民の教育水準が高いので、戦後素晴らしい経済発展を成し遂げた。チュニジアも資源を有さない点で日本と同じだ、人材開発に力を入れて、日本を見倣うように」としばしば閣議で発言していたらしい。私は複数の閣僚からそう聞いた。

ベン・アリ大統領に信任状を奉呈する筆者

●EUの人権問題への態度

ＥＵ諸国の大使達がベン・アリ政権に批判的なのにびっくりした。人権、言論の自由ないこと、ベン・アリ夫人一族が利権を恣にしていることに対して批判的。

ベン・アリが二〇〇九年の大統領選挙で再選された際、米国はオバマ大統領からの祝辞を送らなかった。カナダも現地大使発の祝辞のみだった。

二〇〇九年十二月、日本もある程度米、欧州の国と歩調を合わせて、ベン・アリ政権の人権、プレス弾圧について意見を述べることを考えないと、「日本は民主国家ではない、我々の仲間ではない」と思われるのではないかと心配になった。

ただＥＵ諸国の対応にも国によって温度差があることにも気づいた。仏、イタリア、スペインなど南の国々（地中海に面している）は寛容、ドイツ、オランダ、フィンランド、ベルギーなど北にある国々は厳しい態度である。

●日本はどうするか

他方、ベン・アリ大統領、閣僚の多くが日本に対して好意を持っているのが見てとれたので、あえて人権問題を取りあげて不興を買うのも損だとも思われた。

日本外交は中国との関係では人権、自由、民主主義の問題を米、欧州との関係で取り上げて、中国を牽制することには大いに意味があるが、遠く離れたチュニジアとの関係で人権問題を取り上げて、問題とすることには余りメリットはないように思われた。結局、人権問題については日本の場合チュニジアとの関係では問題提起はすべきだが、ローキーで行ったほうが日本にとって得だろうと思った。

二〇一〇年五月の日本・チュニジア合同委員会の折、日本側代表と私、そしてチュニジア外務省の最高幹部二名とで夕食をともにした時に（つまりきわめてプライベートな雰囲気のなかで）当方から二人に人権問題を取り上げたら、大変感情的な反応だった。その反応の強さにはびっくりした。

●報道の自由がない、とはどういうことか

日本では新聞が自由に書くし、さらに週刊新潮、週刊文春あたりを読んでいれば政治家や著名人のプライバシーに関するスキャンダルまでよく分かる。

La Presse は当地で最大部数を誇るフランス語紙である。

この新聞を毎日読んだ。官報かと、見まがうほどの政府発表を載せるだけの新聞。会社や宗教団体の機関誌という感じ。大政翼賛会の新聞。大統領、同夫人レイラを褒める記事ばかり。毎日ベン・アリ大統領の写真が第一面に載る。

例えば福祉施設の開所式に夫人が出席したという記事が毎日続く。うんざりしてくる。まともに読む気がしなくなる。本当のことは何も書いてない。阿諛追従の記事ばかり。知的思考を禁じられた空間とはどういうものか初めて実感した。フランスのルモンド紙は二〇〇九年十月以来販売禁止になっていた。空気の淀み、知的閉塞感の耐え難さ。経験してみないとわからない。欧州のA国大使の発言「言論の自由が無いため当地のインテリと本当の議論が出来ない。こういう国における勤務は知的刺激に欠けたつまらないもの」、が今更ながら良く理解できる。さらに同大使の発言「また、先の北米の国の大使が、反政府的なチュニジア人ジャーナリストの裁判に若い大使館員を派遣して審議をフォローさせていたところ、ある日、チュニジア政府から抗議を受け、その後まもなく同国の大使は当地を離れた。」を思い出し、この話の真偽は確認していないが、もし本当だとすれば、怖いなあ、自分も慎重に行動しなければと思った。

こういう知的梗塞状態の中に長くいると、息苦しくなってくる、チュニスに居たくなくなってくる。フラストレーションがたまってくるのだ。健康管理休暇制度が贅沢でないことが分かった。

チュニジアの人と本当のことが話せない。相手はベン・アリの一派かも知れないのだ。あたり障りのないことしか話せない。当たり障りのない会話は最初はエチケットのうちだろうが、毎回となると時間の無駄という気がしてくる。

チュニジアの芸術家達も皆ベン・アリ派に丸め込まれているように思われた。

Vend.24 DEC. 2010 SIS ODEON

La Presse

DE TUNISIE

VENDREDI 24 DECEMBRE 2010 – 18 MOHAREM 1432

75e ANNEE — N°24.479 — PRIX : 600 MILLIMES - France : 1euro — ISSN 0330-9991 — Tél. : 71.341.066 — Fax : 71.349.720 — Internet : http://www.lapresse.tn

Directeur : Mansour M'HENNI

Message au Chef de l'Etat des participants et participantes à la session extraordinaire du Conseil régional de Sidi Bouzid

Vifs remerciements et haute considération au Président Ben Ali

• Plan présidentiel pour le développement du gouvernorat de Sidi Bouzid : lancement d'un premier lot de projets

- *Engagement absolu et inconditionnel à poursuivre la marche réussie de la Tunisie sous la conduite sage et éclairée du Chef de l'Etat*
- *Détermination à faire preuve de persévérance et de labeur afin de préserver les acquis engrangés et de faire face à tous ceux qui s'aviseraient de porter atteinte aux acquis nationaux*

Les participants et participantes à la session extraordinaire du conseil régional du gouvernorat de Sidi Bouzid, tenu hier, ont exprimé leurs vifs remerciements et leur haute considération au Président Zine El Abidine Ben Ali pour son engagement à jeter les fondements d'un développement global, juste et équilibré, ainsi que pour la haute sollicitude dont il ne cesse d'entourer les régions, en témoignent les multiples projets lancés au profit de la région et les acquis et réalisations accomplis pour en faire un pôle actif de développement.

(Suite en page 4)

8e session ordinaire du Conseil exécutif de l'OFA à Mascate (Oman)

Vibrant hommage à Mme Leïla Ben Ali pour ses efforts louables en matière de promotion de la femme arabe

- *Profonde considération pour la ferme volonté de Mme Leïla Ben Ali, épouse du Chef de l'Etat et présidente de l'OFA, de dynamiser l'action de l'Organisation*
- *Admiration pour le modèle tunisien en matière de consécration des droits de la femme*
- *Adoption de la proposition de la Première Dame de Tunisie relative à l'élaboration d'un ouvrage sur le leadership des femmes arabes du troisième âge dans les différents domaines*
- *Le vice-Premier ministre des affaires du Conseil des ministres au Sultanat d'Oman salue le rôle vital de l'OFA dans la promotion des conditions de la femme arabe*

(Lire en page 4)

FOOTBALL

Coupe de l'Unaf des champions Finale retour – MC Alger-CA : 1-1

Un sacre mérité

Le CA a tiré son épingle du jeu en remportant un second titre maghrébin après celui de 2008

—ooOoo—

Le CAB renoue avec les victoires

Le moral retapé !

Il a suffi de gagner pour que l'équipe retrouve sérénité et motivation

—ooOoo—

EGSG se porte de mieux en mieux

La métamorphose !

El Gawafel, après son nul face au CA, a le moral en hausse

—ooOoo—

Référendum du meilleur sportif de l'année de notre confrère *Le Renouveau*

Mellouli, le meilleur

Le nageur a été plébiscité à l'unanimité

(Lire nos pages Sport)

Session extraordinaire du Conseil régional du gouvernorat de Sidi Bouzid

Promotion de l'emploi et impulsion de l'investissement

- *Réalisation d'un parc industriel et technologique multisites composé de zones et locaux industriels, d'espaces technologiques, de cyberespaces et d'une cité des petits métiers*
- *Renforcement du raccordement du gouvernorat aux réseaux routier et de communication et consolidation des pistes vicinales*

(Lire en page 4)

ONU

Election de la Tunisie, à l'unanimité, au Comité spécial des opérations de maintien de la paix

- *Une nouvelle reconnaissance du rôle joué par la Tunisie, sous la conduite du Président Ben Ali, en matière de maintien de la paix et de la sécurité dans le monde*

(Lire en page 4)

2010年12月24日付La Press紙（革命の3週間前）
紙面左側にはスィディ・ブズィッド県開発プロジェクト開始についての大統領への謝辞が、その右側には「アラブ婦人連盟」理事会会長を務める夫人への賛辞が記される。

R氏（女性）はカルタゴ地区にある劇場の館長で、個人的にも親しくつきあっていた。彼女はもともと舞踏家で演出家であった。私は彼女は体制派だと思っていた。（二〇一〇年五月に各国大使夫妻の出演するスペクタクルを演出したのが彼女、チュニジア外務大臣の後援名義がついたが、この行事の収益はレイラ夫人の息のかかった福祉施設に寄付された。）

革命後の二〇一一年五月中旬に公邸に招いて夕食会を催した。

その時彼女がベン・アリの政策にきわめて批判的発言をするので、親ベン・アリではなかったのだと知った。でもベン・アリ時代にはそのことは分からなかった。R氏は一月十一日に市立劇場の前に芸術家達が約百名集まって行おうとした平和的デモに参加した。デモが始まろうとしたその時、警官に身体を殴打され、髪をつかまれ一〇〇メートルくらい路上を引きずられた。私は一月十三日に見舞いに行った。この時私は「このように必ずしも反ベン・アリでない人をこんなにひどく扱うとベン・アリ政権を見限って、反発する人が出てきて政権が危なくなるのではないか」と初めて、私自身、実感を持って、ベン・アリ政権の将来に不安を感じた。R氏との会話を電報で本省に報告した。

ベン・アリ政権が危ないかも知れないというトーンを出した、(注)当館で最初の電報である。この電報は一月十三日午後に発電、十四日午後にはベン・アリが国外脱出、政権崩壊に至ったのでわずか一日前のことである。

(注) 凡そ次のような内容であった。

「R氏が政権を名指しして批判せず(注:文化大臣から、ベン・アリ大統領からのお詫びの言葉が彼女に転達されていたからだろう)、同氏の夫も事態を楽観視する態度をとるのは親政府的であったからだと思われるが、これからは親政府であった各界要人の中にも一連の市民デモ及び治安部隊との衝突から衝撃を受けて従来の態度を変える人が現れるかも知れないとの印象を持った。」

今となっては、もっと直截的に「こんなことをやっていては、ベン・アリ政権は長くない」と書くべきだったと思う。

当地の北米の国の大使は一月十三日の大統領演説をテレビで見て、ベン・アリの顔は打ちのめされた男(beaten man)の顔だと思った、本国に「ベン・アリはもう終わりだ」と報告したそうである。具体的には英語でHis days are numbered. という表現を使ったとのこと。「彼に残された日々は数えられる」「彼に残された日々には番号を付することが出来る」という意味である。英語でdaysと複数形になっていることに注意して欲しい。「もう終わりだ」と言っても、数えることが出来る程の日数はあったのである。数日間、数週間は少なくともベン・アリは持つと見ていたのである。まさか翌日の一月十四日にベン・アリが国外脱出するとは思っていなかったことを示している。

8. 歴史って何だろう（ケース・スタディー：チュニジア革命）

「歴史とは何か」とは大学一年の時読んだ本である。岩波新書の1冊で、イギリスの歴史学者E.H.Carrの著書を東大教授の清水幾太郎が翻訳したものである。「歴史とは何か」という質問は、哲学的で高踏的で豊かな教養と深い思考を要求する難しい質問だと思った。E.H.Carrが「歴史とは現在と過去のつきることのない対話である」と述べているのを知り感銘を受けたことを覚えているが、この言葉が本当のところ何を意味するのかは当時はよく理解できなかった。

今回チュニジア革命の渦中に居て（中心ではなくとも、もろもろの影響を受ける近さには居た（注））、その日々を生き、革命後もその後の動きを観察している立場の者からすると、歴史とは、ある一部の人たちが、こうあって欲しいということを恣意的に書き上げたこと、捏造とまでは言わないまでも、相当主観的な観察、記述が、いつのまにか本物らしさの外見を帯びて、更に時間の経過と共に本当に客観的な真実として定着してしまうもの、それが歴史というものではないか、そんな気がするのである。

（注） 私が住んでいる大使公邸の二〇メートルほどの至近距離でベン・アリの大統領警備隊の残党と正規軍の掃討部隊との間で激しい銃撃戦が一月十六日と一月十七日の二日間に亘って行われた。流れ弾に当たる可能性があったが運良く生き延びることが出来た。

（1）チュニジア革命――正確なところ何が発端だったのか――

ベン・アリ政権による二十三年に亘る強権政治、独裁政治に対する不満がもともと鬱積していた。そこに近年、若者の失業者の増大、沿岸部と内陸部の経済的格差、特に内陸部の貧困という問題が深刻化していた。

昨年十二月十七日、南部 Sidi Bouzid 県の Sidi Bouzid 市（チュニスから南に二八〇㎞）で二六歳で大学卒、失業中の Mohamed Bouazizi という青年が県庁前で抗議のための焼身自殺を図った。Mohamed Bouazizi は一家の家計を支えるため町の広場で野菜、果物の行商をしていた。屋台の上で売っていたが、販売について許可を得ていなかった。このことについて警官に注意され喧嘩になり、警察官に野菜をはかる秤を没収されて、怒った Mohamed Bouazizi は県庁に行き窮状を訴えようとしたが県庁には窮状を聞いてくれる人はおらず、悲嘆して、自らに石油をかけ火をつけて焼身自殺を図った（注1）。

この事件に触発され、その他の町でも若者達が経済的救済を求める反政府デモを起こし、これを抑えようとする治安部隊との間で激しい衝突が起きた。反政府デモは全国に広がり、一月上旬にはついに首都チュニスにも及ぶようになった。

一月十四日、午後　ベン・アリが国外脱出を余儀なくされた（注2）。

一月十五日ムバザッア代議員議長が暫定大統領に就任した。

現在チュニジアで初めての民主的選挙である十月二十三日の制憲国民議会選挙に向けて準備が行われている。

以上が一般に言われている、今までの経緯である。

（注1）Mohamed Bouazizi は焼身自殺を図ったその日に亡くなったわけではない。ベン・アリは自殺未遂事件の政治的社会的重要さに気付き、Mohamed Bouazizi をチュニス郊外の重度火傷専門の軍の病院に搬送し治療を受けさせた。十二月二十八日にはベン・アリ自身病院に見舞いに行きプレスに写真を撮らせている。ところが、その時ベン・アリは患者に「やあ Mohamed君」と声をかけるべきだったが、肝心の名前を間違えてしまったらしい。Mohamed Bouaziziは年が明けて一月五日に亡くなっている。

ベン・アリ大統領は十二月二十八日にMohamed Bouaziziの母と妹を大統領宮殿に招き、母親には二万ディナール（約一二〇万円）、妹には三年コース終了のバカロレア証明書を贈ることを約束した。この約束が実行されないうちに一月十四日、ベン・アリ大統領は国外脱出した。

（注2）ベン・アリが一月十四日に急に国外脱出したことについては謎がある。チュニジアのある有力なジャーナルストは九月二十九日、私につぎのように述べている。

一月十四日のベン・アリ国外脱出に関しては依然謎がある。

（1）ベン・アリの国外脱出に関しては、エジプト、シリア、イエメンなど他のアラブ諸国の例を見れば、せめて数ヶ月間は民衆（チュニジアの民衆は武器を持っていなかった）を弾圧し、政権に居残ろうとしてもおかしくなかったと思われるところ、ベン・アリがいとも簡単に国外に出たことについて、自分は未だに実際のところ何が起こったのか大いに不思議に思っている。

（2）ベン・アリの国外脱出の経緯に関しては諸説ある。一説に拠ればベン・アリが国外に出たのは一人で国外に出ることを嫌がったレイラ夫人に同行するためであり、サウジアラビアに着いた翌日の朝にはチュニスに戻るつもりであったとのことだ。更にベン・アリの国外脱出の裏には、米国の関与があり、飛行機がサウジに着いたのも、米国がサウジ政府に働きかけ、同政府がこれに応えたからだという説もある。ここまで来ると政治的ノン・フィクションの領域に足を踏みれることとなり、真相解明は（笑いながら）将来のウィキリークスを待たなければならないだろう。それ以前に明らかなのは、サルコジ仏大統領が、ベン・アリのフランス受け入れを拒否したということだ。

（2）正確でない事実

以上の経緯に事実関係として不正確なことがある。

一月十三日、モルジャン外相が外交団向けに行った説明会で外相は次のような指摘をおこなった。「青年は大学卒（diplomé）ではなかった。青年が言い争った相手は女性警官であった。イスラムの社会で公衆の面前で男が女に平手打ちを食らうというのは男にとって大変な屈辱である、この男にとって尊厳の問題であった。」

四月十九日、Mohamed Bouazizi を殉教者と讃える人々にとっては次のような些か不都合なことが起きた。

Sidi Bouzid の Mohamed Bouazizi 青年を平手打ちしたとされる Faida Hamdi 同市女性警察官に対する裁判で Sidi Bou Zid 第一審裁判所は公訴棄却を決定したのである。暴力行為もなかったと認定された。十九日朝に行われた公判で、Mohamed Bouazizi 青年の母親は審判は神の手に委ねたいとして、同警察官に対する訴えを取り下げると表明した。裁判所前には多くの地域住民が集まり、同警察官に対する支持を表明し司法の独立を訴えた。公訴棄却の決定はこれら住民に歓迎された。つまり Mohamed Bouazizi に対する支持はなく、女性警官への同情、支持が圧倒的であったのである。

(3) 今更言われても困る

更にフェイスブックで広く流れた情報によると、Mohamed Bouazizi が女性警官の胸に触ったというのである。秤は天秤のタイプで二つ皿があり、水平な棒の両端からぶら下がっている。これが二つの乳房を連想させるようだ。この秤を没収されて怒った Mohamed Bouazizi が「おまえの乳房を秤の代わりに使うぞ」と毒づいたらしい。

この言葉に怒って女性警官は Mohamed Bouazizi に平手打ちを食らわしたというのである。それまで急に平手打ちというのは不自然と思ったので、この version には合点がいく。もし本当なら、革命の英雄になっている Mohamed Bouazizi のイメージを根底から覆す事実であり、これによって今までの話の version がどう修正されていくのか心配になった。（前述の四月十九日の裁判所の決定によれば暴力行為もなかったということなので平手打ちもなかったということになる。）

ところがプレスの本件についての報道はそれで沙汰やみになった。追加報道はなかった。事実の修正は行われず、最初の version のままで歴史として確定するようだ。

独裁政権を倒すために自らの命を捧げた殉教者、英雄として話がスタートして、それをベースに多くの人々が行為を積み重ねていった。世界中のメディアが青年の母親をインタビューした。CNNもBBCもそして日本のNHKもチュニスから南方、車で三時間のところにある Sidi Bouzid 市に住む母親に会いに行ってインタビューしている。今更最初の出来事の意味づけを変更されては迷惑であるという気持ちをもつ人は多いのだろう。パリでは Mohamed Bouazizi 広場まで出来ている。

五月十九日、オバマ大統領も英雄伝、殉教説に基づき Mohamed Bouazizi を紹介しアラブの春の先駆けとなったとして、Mohamed Bouazizi を讃える演説をしてしまっている。そのあとで英雄を引きずりおろすような事実が浮上しても困る。国際的に認知された version も Mohamed Bouazizi を殉教者とすることでほぼ確定していたので今更、これを崩すようなことを言われても困るだろう。

遺族も訴えを取り下げ、Mohamed Bouazizi 側にも非があったことを半ば認めた格好になったという事実を、この時期チュニジアで生きたチュニジア人も私のような外国人も皆これを知っているが、この点は重要なことではなかったとして扱われ、このあと何年か経つとと誰も指摘しなくなるのだろう。

たとえ指摘しても指摘された側は、「Mohamed Bouazizi によるセクハラといわれればなる程そうかも知れないが、それは重要なことではない。本質は多数の高学歴の若者達に職がなかったということ(Mohamed Bouazizi が実は大学卒ではなかったことはこの際、本質的なことではない)、チュニジアの南部は政府が開発を怠って貧しい地域になっていたことである。これらの重要な問題を Mohamed Bouazizi が焼身自殺によって提起してその後デモは全国に広がった。そしてそれが革命に繋がった」、という「正統な」歴史観を展開するのだろう。

しかし、Mohamed Bouazizi の焼身自殺の背景に実は女性(注)に対するセクハラ問題があったこと、そのことが当時(昨年十二月十七日)の時点で併せて民衆に伝えられていたら他の若者達にどれだけ共感を呼んだか分からない面がある。

共感の量は少なくなっていたことは確実だ。どの程度、共感する人の数が少なくなっていたか、それが他の地域へのデモの拡大をどの程度鈍化させたかは歴史の if であり、答は分からない。

(注) 「女性」、つまり弱者であることを強調するのか、女性ではあったが「警官」であった(つまり公権力の代表者であった)ことを強調するのかはその人が取る立場によって異なってくる。

(4) 第二の「ガフサ暴動」で終わっていたかも知れない

二〇〇八年に南部のガフサで大規模な暴動が起きている。軍が出動して半年くらいかかってやっと鎮圧に成功している。今回も多くの観測者はひょっとするとガフサ騒動の規模までゆくかも知れないと危惧する人もいたが、せいぜいそこ止まりで、ベン・アリ政権自体が倒れるとまで予測した人は少なかった、いや皆無に近かったと思う。

各国の大使も、その中で一番チュニジアに関係の深い仏大使も(この仏大使は一月十四日午前中に前日、一月十三日のベン・アリのＴＶ演説を評価して「ベン・アリ政権は大丈夫。持ち堪える」との報告電報をパリに送ったとのことである。）一月十四日午後、ブルギバ通り（パリのシャンゼリゼを真似て作られたチュニス第一の目抜き通り）を埋め尽くした民衆の誰一人も、政府高官も、当のベン・アリ自身も政権が崩壊する（しかも同じ日に）とは思っていなかったと思う。（このあたりのことは二月八日付の所感の中に詳しく書いたので参照願いたい。）

ガフサ暴動が革命へと take off しなかったのに今回の民衆蜂起は革命へ take off したのは何が原因か。ほんのわずかな、本当に些細な偶然が、たまたま二つ、三つ連鎖して発生したために take off したのだと思う。（ガフサ暴動についてはベン・アリ政権が規制して当地メディアでは殆ど報道されず、全貌がつかめていない。各国大使館はチュニジア人からの噂に頼って情報収集した模様。）

今回の革命について現在の歴史家、いや一〇年後、二〇年後の、さらに一〇〇年後の歴史家は自信たっぷりに「自由をもとめるチュニジア国民の民主化要求は全国各地から怒濤のように沸き上がり、もはや何者もこれを押しとどめることが出来なかった。一月十四日に至ってベン・アリは国外脱出を強いられた。こうしてベン・アリ政権が崩壊したのは、歴史の必然であった」という記述をするのだろう。

（５）「最大の要素は民主化の要求ではなかった」アーミテージの発言

二〇一一年九月八日付け朝日新聞が二〇〇一年の九・一一事件を取り上げ、その一〇周年を控え、アメリカの元国務副長官のリチャード・アーミテージ氏にインタビューした記事を載せている。

アーミテージ氏はつぎのように述べている。

「アラブの春」と呼ばれる中東の動きについては、ブッシュ政権がもたらしたわけではない。そもそも今の現象の最大の要素は民主化ではない。それは一部ではあるがもっと主要な問題は権力の腐敗だ。身内で固めた権力構造であり、一般市民の機会の欠如だ。米国の介入とは関係なく、端的に言えば、変動の機が熟したのだ。だが、事態はまだ進行中で、民主化の行方も、五〜一〇年先の姿も誰にも見えない。だから私は「春」ではなく、「アラブの変移」と呼んでいる。

ポイントを上手く突いた発言だと思う。

チュニジアの場合も、民主化の要求がどれほど強かったか今ひとつよくわからない。

（6）まずは「経済的要求」だった

復習してみよう。

昨年十二月十七日、チュニジア中南部のSidi Bouzid県で失業中の若者Mohamed Bouazizi が焼身自殺を図った事件を契機に、大規模な抗議デモが派生しこれが全国に広がった訳であるが、これらデモで示された要求は「貧困・雇用対策」であった。民主化の要求ではなかった。

もともとチュニジアでは失業率の高さといった経済的要因にくわえ、表現の自由の制約に対する不満が潜在的にはあった。

これまで国民は、政府がきちんとした経済運営をするのであれば表現の自由が制約されても仕方がないと思っていた（実際ここ二〇年くらい年率五％程度の経済成長が続いており、国民はそれなりに経済的恩恵を受けているので不満は押さえられていたと見られる）。しかし、近年、ベン・アリ、特にレイラ夫人のトラベルシ一族の腐敗・汚職が蔓延したことで、国民の忍耐は限界に近いところに来ていた。以上が革命直前の状況だった。

今回の民衆蜂起は当初「貧困・雇用対策」といった経済的理由から始まり、民衆の不満表明に対して圧力がかけられた。その後、弁護士がストを行い始め、その時点からデモの目的が経済的不満の表明から表現の自由の回復へと変わっていった。表現の自由の回復が要求項目に現れたのは相当後の方になってからである。

「民主化」とは具体的には何を指すのだろうか。一番重要なことは、民意に基づいて、公正な選挙で選ばれた人達が、政府を作って、国を治めるということであろう。

言論の自由、人権の尊重も重要だが、先ず、民主的政府が出来れば、それらは確保出来るのではないか。というのは民意を受けた政府なのだから民衆の言論の自由を認めるだろうし、人権を弾圧することも無いだろうと考えられるからだ。

ここで気になることがある。

選挙人登録（七月十一日から八月二日までの予定）は出だしのころ、チュニジア人の有権者は登録手続をおこなうことに不熱心で、そのなかでも特に革命の担い手である若者、女性の登録率は著しく低かった。(注) 革命は起こしたが民主化、民主的な政府の構築には関心がないようであった。全体の登録率は急遽期間を一二日間延長して、八月十四日とし、さらにメディアを駆使したキャンペーンを行い、五〇%をかろうじて上回る五一%（三八八万人）に達することに成功し体面を維持することが出来た。

（注） 市役所に登録手付きに行こうとしないチュニジア人に理由を聞くと多くの者は「政党の数（一〇〇を超えていた）が多く、どの政党に投票するか決めあぐねているから」と答えた。「支持政党が決まっていなくても良い。取り敢えず、今のうち

に登録手続をしておかないと投票自体できなくなる。支持政党を決めるのは投票日の一〇月二三日までで良い」と説得してもなかなか理解されなかった。

（7）「アラブの春」

アラブの春とは、アラブの地域で独裁政権のもとで圧政に苦しむ民衆が独裁者にノーを突きつけ、民主化に向かう現象を指して言う言葉のようである。

アラブの春はどのくらい成功しているか冷静に眺めるとさほど成功していないことに気づく。

① エジプトはもともと軍が社会で圧倒的な力を持った国である。確かに軍人あがりのムバラクが民衆のデモにより退陣したが、その後エジプトを治めているのは軍が作っている暫定政府である。軍が国を支配するという権力構造は何ら変わっていない。

② シリアでは独裁者である大統領が国際的にも孤立して来たが、依然、権力の座から離れていない。

③ イエメンでは独裁者である大統領が負傷してサウジで治療を受けていたが回復して、最近イエメンに戻っている。大統領の座に居座ったままである。

④ モロッコは国王がチュニジア革命の影響が自国におよぶことを警戒し、国民の権利を以前より広く認める方向に憲改し、国民の不満をなだめることに成功した。政権は安定している。

⑤ アルジェリアはチュニジア革命のあと、アルジェリアでも大規模なデモが予想され、大きな混乱が心配されたが、政府が小麦などの生活必需品の価格を下げるなど賢明な緊急の経済政策をとったことにより、政権の基盤が揺るがされるという事態には至っていない。アルジェリアは以

前より国民にデモをする権利を認めてきたので、国民の不満のガス抜きが出来ていたという側面もある。大統領と軍という二つの頭が国を治めているので、政府を批判する方からすると攻撃しにくいということも、革命の発生を防いでいる。一九九〇年代のイスラム過激派がおこした騒乱を経験し、国民は暴力にうんざりしている面もある。

⑥　リビアに至っては民主化の要求という要素が、反政府軍による反抗、カダフィ政権崩壊の崩壊という一連の出来事のなかで果たした役割は何であったのかと考えると、はたと困ってしまう。部族間の対立、出身地方がどこかということで指導層の間で存在する対立、指導層のなかの世代間の対立という要素の方が遥かに大きい。選挙（官製の選挙でもよいのだが、とにかく選挙と呼ばれる出来ごと）の経験は一度もなく、選挙の為の組織もない。

このように「アラブの春」を具体的に見てくると、いくつかのことに思い当たる。

そもそも民主化までは求めていない可能性もある。もっぱら独裁者の汚職、腐敗に対する憤り、これら不正が取り除かれて欲しいとの要望の表明である面が強い。

チュニジア、エジプト、リビアに加えてモロッコとヨルダンもG８の「アラブの春」支援の対象国になっている。王政と民主主義は対立しないのだろうかと疑問に思う。「アラブの春」とは民衆を圧迫しなければ王政でもかまわないということのようだ。

今まで独裁者を批判することは、報復を覚悟しなければならず、あまりにも恐ろしいことであった、ところがチュニジアでいとも簡単に独裁者が排除されたことを見て、そしてそのなかでソーシャル・メディアが大きな役割を果たしたことを知り、それらに勇気づけられて、大衆運動を起こしてみた、というのが実態であろう。

「アラブの春」と言っても、現状はこの言葉でひとくくりで説明出来る程、はっきりしている訳ではない。独裁者がきれいさっぱり国外に出て行ったのはチュニジアだけである。民主化に向けて具体的歩みを始めたのもチュニジアだけである。むしろチュニジアは「アラブの春」と呼ばれる国々の中で例外のような気さえする。

一人当たり国民所得が三八〇〇ドルを超え、中進国に近付いていて、国民の教育レベルが高いという点において、チュニジアは他のアラブの国々と違う。民主化を成功させる可能性は一番高いと言える。成功すれば他のアラブ諸国のモデルを提供することになる。ＥＵ諸国、米国など主要国がチュニジアの民主化を支援するのはこのような理由からである。日本も同じ立場である。

9．私は夜陰に乗じて大使公邸を脱出した

一月十七日チの夜、私はチュニジア警察の保護のもと日本大使公邸を脱出した。

一月十四日午後にベン・アリ大統領が国外脱出して、三日後のことである。

私が住んでいた日本大使公邸はカルタゴという地区（チュニス中心から北東17キロにある）にあり、大統領宮殿が近くにある。大統領宮殿に近いことから警備がしっかりしていて、チュニスとその郊外では最も安全な地区である。ところが、十四日にベン・アリが国外脱出して以降、ベン・アリが残していった大統領警備隊が宮殿から外に出て銃を乱射し、地域住民を恐怖に陥れていた。それまで一番安全であった場所が、一瞬のうちに一番危ない場所になってしまった。まるでオセロ・ゲームのよう

だ。

一月十六日の午後四時ころから夜まで、十七日正午頃から三、四時間の間、要するに二日間に亘って、日本大使公邸から二〇メートルほどの至近距離でベン・アリの大統領警備隊の残党と正規軍である掃討部隊との間で激しい銃撃戦が繰り広げられた。私と公邸料理人の原田君（仮名）は流れ弾に当たらないよう二階の廊下にひたすらうつ伏せになって、銃撃戦が止むのを待った。

十七日午後になって、「公邸を出て、チュニスの町中にある日本大使館事務所に移ったほうが安全で、仕事の上でも好都合」と判断し、チュニジア外務省を通じ、軍・警察の保護を頼んだ。大使館に居る公使がそのアレンジをしてくれた。

●スーツを着た理由

要請をしてから、結構待たされた。日が沈んであたりが薄暗くなったころに、警察の車輌がやってきた。十数人乗れる小型バスのような車輌である。その前後を四輪駆動の車が挟んでいる。全部で三台のコンボイ（車列）だ。四駆の屋根には誘導中であることを示すランプが付いている。

警察車輌が来るのを待っている間に、私は普段着から、スーツに着替えていた。ネクタイもした。公邸料理人の原田君はジャージにアノラックを羽織って、頭は毛糸で編んだ帽子というカジュアルな服装だ。原田君はカジュアルな格好（少しカジュアル過ぎるが）で良いが、私については仕事上の正式な服装、スーツを着ないといけないと考えて、スーツを着た。

警官はチュニジアの友好国、日本の大使を保護して、大使館事務所まで護送するという重要な仕事をしようと思って、謂わば張り切って来てくれるのだろう。公邸に着いて車輌で護送しようとして大使を見たら、セーターにアノラックというようなカジュアルな服を纏っていたら落胆するのではないかと恐れた。多賀個人はこの際、横に置いて、日本大使は軽く見られてはならないと思った。それに加えて、このころには治安が悪化していて、無法地帯が町のあちこちで出現していた。地区ごとに町内会が成年男子からなる自警団を結成し、通りの角々に立っていた。これら自警団は、セーター、ジーンズ、革ジャンパーという格好が多かった。言って見れば薄汚い格好なのである。薄暗い街角で木の棒きれ、鉄のバーなどを持って、不審者を見張っているのを見かけたが、格好があまりにもカジュアル過ぎるので彼らの方こそ盗賊、強盗の一団かと思ってしまいそうだ。

こういう自警団の人と一緒にされてはまずい、もし何かが起きて、車から下りて道を歩かざるを得なくなった場合、スーツを来ていた方が、彼らも何となく重要な人物と思ってくれるだろう、もし運悪く銃弾にあって死んだ時も、私が何者かすぐ分かってくれるだろう。セーターにアノラックでは、まず、どだい自警団のメンバーと区別が付かないし、強盗や泥棒と間違われる可能性だってある。そう考えてスーツを着たのである。「人は見てくれが全て」とはこの場合本当だろう。

原田君はカジュアルな格好だが、銃に倒れる時は私の近くに倒れるだろうから、日本大使の同行者であることはすぐ分かるだろう。

警察車輌に乗ったが車は発車しない。このコンボイの隊長とおぼしき警官が、私に「近くの地区で勤務している同僚警察官のグループもこの車輌に乗る。彼らはもうじきここに到着するので、少し待っていただきたい」と言う。私はもちろんこれを了承し、この隊長に、「私と、この横に居るのは私の料理人であるが、我々二人を迎えに来てくれて感謝する。この大変な時期に困難な仕事を遂行する警察の勇気に敬意を表する」とお礼を言った。街灯の光は木の枝やバスの窓枠に阻まれてこの隊長の顔を半分くらいしか照らしていないが、にっこり笑ったように見えた。大きな銃を肩から胸に回す感じで抱えている。この銃はカラシニコフのような形をしている。あとで調べたら、オーストリア製のシュタイアーという銃であった。

この隊長と一、二分会話をする。もし誤解が生じて、銃で撃たれては叶わない、とにかく話をして、この隊長に日本大使は感じの良い人物である、と思ってもらわねばならない。途中で、もしベン・アリの大統領警備隊の残党と遭遇して銃撃戦になった場合にも、隊長は私に好感を持っていてくれていたなら、そうでない場合よりは、遥かに真剣に守ってくれるだろう。

●シュールレアリスム（surrealisme）の世界を垣間見た

そうこうしている内に、五、六人の警官のグループが到着してバスに乗り込んだ。出発だ。

警察車輌は比較的ゆっくりとしたスピードで走り、チュニス中心部に続くマルサ街道を走ってゆく。我々以外の車は見かけない。不思議な静寂が支配している。屋根の上に誘導灯を点滅させた四輪駆動車が前後を挟んでいる。車種を見ると、日本車だ。三菱パジェロではないか。緊急時で見聞きしたことには些細なことでも不思議に記憶に残っていることがある。車種がパジェロであったこともそのひとつだ。

コンボイがチュニス・カルタゴ空港の横を通りかかった。門のところに兵隊を乗せた軍用トラックが配備されているのが見えた。

数分行くと高速道路の反対側に、黒焦げになった軍の迷彩塗装の兵員輸送車が一台ごろんと横倒しになって車体が割れて焼き焦げた無惨な姿を晒していた。内蔵をえぐられて干からびたヒョウの死体を連想した。

車輌が高速から出て普通の道に下りた。とたんにコンボイは止まった。路面に障害物が散らばっていたからである。前の車、パジェロから警官が下りて片付け始める。コンクリートの破片である。これで住民が車輌を止めようとしたのだ。一〇メートルくらい離れた所に五、六人の男が鉄棒を持って屯していてこちらの方を見ている。この地区の自警団だ。身なりを見る限り強盗の集団にも見える。

コンクリートを取り除いてもまだ障害物があった。大きな看板が半分に折れて倒れている。薄闇の中に目をこらすと、ベン・アリ大統領のポスターを貼りつけた看板が割られていたのである。三日前までこの国の民衆を強権政治で押さえつけていた独裁者の顔の口や目がずたずたに破られていた。このポスターは政変が始まる前は毎朝、大使館への出勤の途次、眺めていたものだった。ベン・アリ大統領が右手を胸にあて、ほんの少し微笑みをたたえ、今にも民衆に語りかけようとする表情の写真だった。三日前にはこの大統領のポスターが破られるとは想像だにできなかった。信じられない代物が横たわっていて、警官二人が、この世の中で最も日常的で、ありふれた仕事を処理するかのごとく、淡々と除去作業を行っている。すべて沈黙の中である。こういうのをシュールレアリスムの世界と言うのだろう。権威と秩序が全て消えさり、自分の立つ位置が不明で物事の価値が逆転した異次元空間である。あり得ないことが不思議な静けさのなかで、ゆっくりと繰り広げられていた。

コンボイはあと三、四箇所の町角で、車輛を止めてはコンクリートの固まりを取り除いて進んだ。やっとアポロ通りの日本大使館事務所に着いた。夜の六時四〇分であった。公邸を出発して一時間ほど経っていた。普段の二倍の時間がかかったことになる。冬なのでこの時間でも、もうあたりは真っ暗になっていた。

私は大使館の門灯や警備員が照らす懐中電灯をまぶしいなと感じながら、車輛から降りた。

追補　外国語は出来たほうが良い

ところで、前述の隊長との会話はフランス語で行った。チュニジアでは小学校三年から皆フランス語を勉強する。母語はチュニジア語（アラビア語のチュニジア方言）であるが小学校一年から標準アラビア語を勉強する。従って大人のチュニジア人がアラブ人に会うときには、標準アラビア語で話し、欧米その他の外国人とはフランス語で話そうとする。警官も、しかも隊長クラスとなると立派なフランス語を話す。英語はこの国ではあまり話されていない。

私は英語は大学一年で英検一級に合格しておりその後、イギリスのケンブリッジ大学に留学し英語の研鑽に努めた。何とか自信はついた。

フランス語については大学一年と二年の時、第二外国語として勉強した。一橋大学の前期に小平分校で作家で精神科医の なだいなだ 氏の夫人であるルネ・ラガーシュ先生に教わった。プルースト研究で有名な鈴木道彦先生にも教えていただいた。ＮＨＫのフランス語講座も一生懸命見たり聞いたりした。丸山圭三郎、渡辺守章、福井芳男、朝倉季男などの諸先生方にお世話になった。皆立派な先生方だった。青雲の志を抱いて三重県の田舎から上京した甲斐があった。東京は知的刺激に溢れており、フランス語も勉強できる。カミュもサルトルもサンテグジュペリも皆、フランス語で読みたい。カトリーヌ・ドヌーブもアラン・ドロンもジャンルイ・トゥラントゥニアンもその映画の台詞をフランス語でそのまま理解したい。シャルル・アズナブールもアダモもミレーユ・マテューもシルビー・バルタンも彼ら、彼女らの歌うシャンソンの歌詞をフランス語でそのまま理解したい。夢は膨らむ一方であった。

爾来、フランス語に対する憧憬は押さえがたく、断続的ではあるが独学で三十年以上勉強してきた。一生懸命勉強するものの進歩は遅い。

別れた青春時代の恋人を追い求めるような切なささえ感じた。

私は外務省入省後、英語を専門としているが、チュニジア大使として赴任する前にフランス語の検定試験（実用フランス語技能検定試験）で、その時期受験可能な一番難しい級である準一級の試験を受けたら十分の余裕をもって合格した。嬉しかった。

言うまでもないが緊急時に、相手と共通の言語を通じて意思疎通できるということは実に重要なことである。私の場合、この一月十七日の夜、警察との間で十分にコミュニケーションを行うことが出来、パニックに陥ることなく冷静に振る舞えたのはフランス語を理解できたお陰だ。フランス語を、一八歳の時、当時ペンペン草が生えていた小平で勉強したからである。先生方に感謝せねばならない。

また今回のチュニジア政変のような事態では、緊急事態に関係する基本的表現を知っているのと知らないのでは随分違うことを悟った。

今回私は、フランス語のcouvre-feuという表現を再認識した。「夜間外出禁止令」という意味である（ちなみに英語ではcurfewである）。

couvreはcouvrir（覆う）という動詞から来ていて「覆い」という意味である。feuは「火」である。つまりcouvre-feuとは「火を覆う」ことから「消灯令」、それからさらに転じて「夜間外出禁止令」という意味になる。「火を消して家に居なさい」ということだ。非常事態下で生きていくには知っていなくてはならない必須の語彙である。

この種の語彙、五〇語くらいを集めて、「仏語圏の国で緊急事態を生き延びるための、必須フランス語五〇単語」という調書を外務省の同僚のために書きたいと思ったがまだ着手していない。

V. チュニジア離任時に思ったこと（二〇一二年十一月に記す）

私は、二〇一二年十一月九日にチュニジアを離任した。その時点でチュニジアに在勤した三年三か月を振り返って総括し、対チュニジア関係で日本として取り組むべき方向を示す文章を書いた。以下がそれである。

文章の中身に入る前に当時の私の気持ちを述べれば二〇〇九年八月に着任、二〇一一年一月にチュニジア革命発生、二〇一一年十月にチュニジア史上初めての民主的選挙（制憲国民議会選挙）の実施を現地でつぶさに視察、選挙監視団の一員として一部選挙に参加するという経験をしたこともあり、いっそうのことチュニジアという国が民主化を完成させるその時まで大使として見届けたいと思った。ところが民主化のプロセスは遅々として進まない。離任の表敬でマルズーキ大統領を訪れた際は、同大統領は「新しい民主国家実現のためにはあと五年かかる」と述べた。あと五年とは二〇一七年である。あるチュニジアの知識人が私に「ポーランド、ポルトガルが革命のあと、民主化するのには七年かかった。フランスに至ってはフランス革命のあと民主国家をつくるのに一〇〇年かかった」と言っていた。このチュニジア知識人の言葉を聞いて、自分の時間の測り方が早急すぎることを悟った。

（二〇一七年五月注）

チュニジアは二〇一四年に民主的憲法を作成し、それに基づいて、議会選挙、大統領選挙を実施するにいたった。一応の民主化は成し遂げたと言える。しかし、依然国内政治は不安定であり、さらに困ったことに、国内の治安が悪化し、テロ事件が頻発しており国民の生活は改善されていない。

下記の文章の内容をかいつまんで言うと、革命が起きてから二年近くになるが、イスラム政党が率いる新しい政府は国を上手く治めていないということである。二十三年もの間チュニジアに君臨したベン・アリ大統領という独裁者を折角追い出したのに、その後、チュニジア史上初めて自由で公正な選挙（制憲国民議会選挙）を行うことに成功したのに、何と第一党となったのは、現代にそぐわない復古主義的主張を行うイスラム政党であり、民主主義の価値を否定する勢力であるということ、そしてこのイスラム政党が、ベン・アリと変わらぬこと、つまり民衆から自由を奪い強権政治を始めていること、優秀で効率的だった高級官僚を追いだし、非能率なイスラム政党の党員を党員と言うだけで政府の要職につけ、国の行政は渋滞している、国の治安も悪化しているという皮肉な状況に至っているということである。

こんなことならベン・アリ時代の方がましだったという見方をする人がかなり出てきている。イスラム教と民主主義は両立するのか、両立しないのではないか、イスラム国に民主主義は根付かないのではないかという、以前から提起されてきた根源的な問題に改めて遭遇することになる。

十一月九日の離任を控え、以下の通り報告する。

私は二〇〇九年八月から二〇一二年十一月までチュニジアで大使を勤めた。その間、二〇一〇年十二月、内陸部の町で民衆の反政府運動が発生、これが拡大してついにチュニスに達し、二〇一一年一月一四日にはベン・アリ大統領が国外逃亡するという事態に至った。「アラブの春」の先駆けとなる「チュニジア革命」である。四〇年近くになる外務省勤務を通じても、なかなか体験できない経験であった。

革命後、チュニジア国民は民主国家建設に向けて新たな歩みを始めて一年一〇ヶ月近く経つが、未だに確たる見通しは立っていない。

1．チュニジア革命と当館の対応——邦人に死傷者なし——

（1）二〇一〇年十二月十一日、十二日にチュニスで第二回日・アラブ経済フォーラムが開催され、日本からは前原外務大臣（当時）及び大畠経済産業大臣（当時）が出席し、活発な議論が行われた。日本とアラブ諸国間の関係強化に向けて大きな弾みがついたように思われ、ロジを担当した公館として無事役割を果たすことが出来たことに安堵した。

（2）ところが、日・アラブ経済フォーラムの約一週間後の十二月十七日に、チュニジア中部の内陸の町で失業中の野菜売をする男性が警官とのトラブルのあと、焼身自殺を図るという事件が起きた。これをきっかけに若者層の失業、地方間経済格差に不満を抱く民衆が各地で政府に対する抗議運動を繰り広げ、二〇一一年一月に入ると首都チュニスまで暴動が及び、一月十四日には二十三年間独裁者としてチュニジアを支配したベン・アリ大統領とその一族が国外に逃亡するという事態に至った。これが後に言う「自由と尊厳のための革命」である。（欧州（特にフランス）のジャーナリズムでよく言われた「ジャスミン革命」という呼称をチュニジア人自身は、死傷者（約三〇〇名が死亡した）を出した政変には相応しくないとして使いたがらない。）

（3）ベン・アリが逃亡した一月十四日からベン・アリ大統領警護隊の残党と正規軍との間で銃撃戦が繰り広げられた。大使館では、館員が一週間以上に亘って籠城生活を強いられ、日本大使公邸では至近距離で銃撃戦が二日間に亘って行われ、一部兵士が大統領警備隊の掃討作戦の一環として、公邸敷地内に入り込み、二階の主寝室バルコニーの前を通り過ぎるという出来事もあった。

（4）当時約二〇〇人いた日本人観光客、在留邦人約一八〇人に一人の負傷者も出ず、館員及びその家族も皆無事であった。政変が数日間という比較的短い期間で危機的状況が一段落したということもあったが、何と言っても当館領事班を中心とする館員の奮闘努力が功を奏した面が大きい。

（5）ベン・アリ大統領の亡命後は憲法の規定に基づき、代議院議長のムバッザア氏が暫定大統領に就任し、カイド・エセブシ氏を首相とする暫定内閣が発足し、旧政権与党RCDは解体された。暫定政府は治安と社会生活の維持、制憲国民議会選挙の実施などを主たる任務とした。暫定首相のエセブシ氏は、老練な政治家（ブルギバ時代に内相、外相を勤めた）であり、カリスマ性をもって政変後の国内を良く治めた。

2．二〇一一年十月二十三日の制憲国民議会選挙――チュニジア史上初めての民主的選挙――

十月二十三日、多くの国内外の選挙監視団が監視する中、制憲国民議会選挙が実施された（総議席数は二一七）。チュニジア史上初めての自由で民主的な選挙であった。我が国も浜田和幸外務大臣政務官を団長とする選挙監視団を派遣したこの選挙は大きな混乱もなく、概ね公正で透明性が確保される中で実施された。選挙結果は、当初の予想を上回る得票により穏健（と自称する）イスラム政党エンナハダ（八九議席：四一％）が第一党に躍進し、左派人権派系のＣＰＲ（二八議席：一三％）とエタカトル（二〇議席：九％）がそれぞれ第二、第三党となり、これら三党が連立与党を形成した。十二月十二日に議会はマルズーキＣＰＲ代表を大統領に選出し、マルズーキ大統領はジェバリ・エンナハダ幹事長を首相に任命、十二月二十三日に新内閣が発足した。

3．エンナハダ政権の政治――その問題点――

（1）成立当初エンナハダはどの様な政治を行うのか、国民の期待と関心を集めた。政権発足から一〇ヶ月、昨年の制憲国民議会選挙から一年が経過した現時点において、これまでの動きを振り返ると、エンナハダの政治は革命の原因となった、失業問題の改善、地域格差の是正という喫緊の課題に十分取り組んでおらず、成果も上がっておらず、国民の期待を大きく下回っている。

（2）更に、エンナハダ政府の政策決定は誰が行っているのか不透明なことが問題である。ジェバリ首相（エンナハダ幹事長）が政府として決定を行っているのではなく、実際はエンナハダの党首であるラシド・ガンヌーシが重要問題について決定を行っているのは明らかである。何ら政府の役職を持たない、一政党の党首が政府の政策決定を行っているというのは、国のあり方として不健全である。

（3）もう一つ深刻な問題は、エンナハダがイスラム過激主義者であるサラフィスト達に過度に寛容であり、犯罪行為を行っても、厳しく罰しないと言うことである。本年九月十四日に起きたサラフィストによる当地米国大使館襲撃事件は多くの人々に衝撃を与えた。広大な敷地と強固な建物を有し、難攻不落と思われていた米国大使館にサラフィスト達がいとも簡単に壁を越えて侵入し、館員の車約一〇〇台を燃やし、大使館の星条旗を引き下ろし、サラフィストの黒い旗を掲げたことは良識あるチュニジア人や当地各国外交団を驚かせた。大使館の警備にあたっていたチュニジアの警察官達は人員や装備が不十分であり、更に「侵入者達を断固撃退すべし」との指示を現場に下すよう内務省（内務大臣はエンナハダ）に求めてもその指示が得られなかった由であり、それが大使館を守れなかった原因とされている。それまでエンナハダに比較的寛容であった米国政府はさすがにこの事件に衝撃を受け、極めて強いメッセージをエンナハダ政府に送り、エンナハダとしても今回は犯人の検挙、処罰に真剣に取り組まざるを得ない状況に追い込まれている。

（4）エンナハダは今年三月、シャリアを憲法の法源とする要求を原則的に取り下げた。また女性の権利について、当初、新憲法に両性の「平等」ではなく、男性と女性は「補完的」であるとの条項を盛り込もうとしたが、一部野党や市民団体等から強い反対を受け、結局「補完的」ではなく「平等」との言葉を使うことに同意した。このようにエンナハダがイスラム色の濃い政策を推進しようとする度に、世俗的な社会に慣れた市民が反対し、エンナハダが結局は折れるという現象が起こっている。次期選挙を意識しての譲歩と見られる。今年十月に行われた世論調査では、エンナハダを支持すると答えた者が三〇％で一番多く、これに対し第二位のエセブシ元首相の政党「チュニジアの呼びかけ」は二八・一％の支持を得ている。昨年十月二十三日の制憲国民議会選挙前には突出した人気と知名度を誇っていたエンナハダであるが、次期選挙における有力な対抗馬が現れたと言える。エンナハダは次期選挙でも多くの票を獲得するために、「チュニジアの呼びかけ」を旧勢力の残党と決めつけて批判し続け、自らについては民衆の生活に根ざした穏健イスラム政党としてのイメージ作りを続けることになるだろう。

4．治安情勢の不安定化――不安定要素は続く――

（1）最近の治安について言われているのは人々は警察官を怖がらなくなった、警察官に対する畏敬の念がなくなったと言うことである。

（2）九月にチュニス郊外で警察官三名が若い男女のカップルを拘束し、警官二人が女性に暴行を働いたという事件が起きた。また、女性が警察官を訴えたが、警察官が反対に女性を公然わいせつで訴えるという挙に出たため、つまり被害者が犯罪者として訴えられるという異常な事態になったため、人権団体やフランス政府が抗議を行った。この事件が起きてから、女性達は夜間外出を控えるようになっている。

（3）私及び多くの館員は毎日車で幹線道路を使って大使館へ通っており、その間特に危険を感じるということはないが、いざ事件や騒擾が起きたときは、潜在的犯罪者が警察を恐れていないということ、更に警察の対応能力が劣化していることは、治安情勢が悪化する時は、急激に悪化する可能性を強く示唆する。心配された十月二十三日（最初の民主的選挙の一周年。この日までに新憲法を作成することになっていた）は、国会や官庁、政党事務所等周辺への大規模な軍の展開などもあり無事に過ぎたが、治安に関する不安要素は今後とも継続することに変わりはない。

5．今後の政治日程――確たる見通しは立っていない――

（1）エンナハダ、CPR、エタカトルの与党三党は、二〇一三年六月二十三日に大統領選挙及び議会選挙を実施することに合意した。これに対し野党や市民社会の多くは、六月にバカロレア試験が行われることやラマダンの直前であること等を理由に同日程案に反対しているが、日程を前倒しにするか先延ばしにするかに関しては意見が一致していない。選挙日の決定には技術的な観点から選挙管理委員会が大きな発言権を持つが、前回の選挙管理を担当した独立高等選挙機構（ISIE）のジャンドゥービ元機構長は選挙準備には八ヶ月かかると述べており、来年十月の選挙実施を提案している。一方、マルズーキ大統領やジェバリ首相は政治プロセスを加速化する必要性を明言しており、また、早期の選挙実施を望む野党や世論の圧力があることから、選挙準備が迅速に進めば六月中か多少前倒しで実施される可能性が皆無とは言えず、次期選挙の実施時期は依然として流動的である。

（2）当地のある知識人は私に対し、「革命後、ポルトガルやポーランドは民主化を達成するまでに七年間かかっており、フランスに至っては一〇〇年もかかった」と述べている。これまで、政府や主要政党は民主化移行を急ぐあまりに制憲国民議会選挙や憲法制定時期をきつく定めてしまい、結局どれも先延ばしせざるを得なくなった。それは一般市民に対し、「民主化がうまくいっていない」とのネガティブな印象を与えている。市民が革命の恩恵を実感できるよう、雇用や生活水準の向上などの問題には早急に成果を出すべきであるが、そのためには新憲法の作成、それに基づく選挙を早急に行い本格政府を作る必要がある。ところが憲法制定作業は、議論を尽くし十分な準備を行って実施するべき性質のものであり、どうしても時間がかかるプロセスである。民主化移行とは半年や一年の単位ではなく、おそらく数年はかかるプロセスであろうと腹をくくり、より息の長いスタンスで付き合う覚悟をした方が良いのかも知れない。その間日本としては、一喜一憂することなく淡々と民主化支援、経済発展支援の努力を続けてゆくのが適切である。そしてそれをチュニジア国民に広く発信していくことも大切である。

6. 我が国の対チュニジア経済援助政策——地道に援助を続けることの重要性——

（1）チュニジアはアラブの国であり、地中海に面したマグレブ諸国の一つであり、アフリカ大陸に位置しており、中東の国の一つでもあるという複数の顔を持つ国である。チュニジアはこのような複数の顔を持つ国であると同時に、西欧に開かれた世俗的で穏健な国であることから、その独立（一九五六年）以来日本は友好関係を維持発展させてきた。つまりチュニジアとの友好関係を持つことは日本の対アラブ・対アフリカ外交にとっても有益であるとの考えに基づいて来た。その結果、長年に亘り、我が国はチュニジアに対し比較的多額の経済援助を行ってきており、チュニジア政府、国民もそれを十分認識し、感謝している。（モハメド・ガンヌーシ元首相は離任挨拶のために訪れた私に対し、日本の支援のすばらしさを強調し、感謝の念を表明していた。）また、日本の援助は当地プレスに取り上げられることが多い。

（2）昨年一月チュニジアで革命が起き、イスラム政党であるエンナハダが率いる政府になったが、従来の方針を変える必要はないと思われる。なぜならば、日本のチュニジアに対する援助は、道路、上下水道、洪水対策など専ら地域住民を利するプロジェクトから成っており、その時々の政府の形態や性格とは関係なしに遂行されて然るべき性質のものであるからである。

（3）しかしながら、若干の困難が生じていることは否めない。エンナハダは政権について以来各省の高官のポスト一三〇〇についてそれまでの官僚を追い出し、エンナハダの党員をポストに就けていると報道されている。具体的な例を挙げれば、当地ＪＩＣＡの所長は、チュニジア国営テレビ局に対する既に決定済みの機材供与のプロジェクトを推進しようとしているが、今年に入ってテレビ局の総裁のポストがエンナハダによって首のすげ替えが頻繁に行われており、今回の総裁は五人目であるとのことである。総裁が替わる度に新総裁の所に赴き、プロジェクトの説明を行わなければならないという非効率性を嘆いている。このようにエンナハダの党利に基づいた人事による行政効率の低下は他の省庁でも散見されるようになっており、この点は残念なことであるが、我が国としては地道に援助を続けていくしかないと思われる。因みに最近離任挨拶のためＢ投資・国際協力大臣（エンナハダ系）に会ったが、日本の援助の有用性を強く認識しており、日本に対し感謝していた。

チュニジアは民主化への移行期にあり、我が国がこの困難な時期にあるチュニジアを支援したという実績を残すことは、将来の両国関係を考えると極めて大切である。

7．我が国の対チュニジア経済援助政策――その具体策――

（1）我が国は、これまで円借款及び技術協力を中心として、インフラや人材育成などの分野で協力を実施し、チュニジア側からも前にも述べたとおり高い評価を得ている。今後は、二〇一一年一月十四日に起きた革命の原因となった失業率と地域格差の是正に、より重点をおいた援助を行うことが望ましい。

(2) 円借款においては、日本とチュニジアの関係をますます強化するために、そして日本国内での理解を得るためにも、日本企業が参加できる案件の形成が望まれる。例えば、道路の建設や上下水道の整備を行う案件では日本企業の参入機会は少ないため、より高度な技術が求められるインフラ整備、例えば、トンネルの造成や淡水化を行う案件の形成を行う必要がある。また、チュニジアが大きなポテンシャルを有する再生可能エネルギー分野も、日本企業が参入可能な分野であろう。

(3) 政変後、チュニジア国内では行政能力が低下し、円借款の案件の中ではディスバースが遅れている案件がいくつか見られる。しかし、借款返済に関し、チュニジアは忠実にその義務を果たしている点は評価できるところである。チュニジアの発展及び両国の関係強化のために、今後とも円借款を中心とした援助を行うことが適切である。

8. 我が国の広報文化政策——好ましい日本のイメージ——

(1) チュニジアにおいて日本のイメージは良い。日本は欧州と比べると多くのチュニジア人にとって馴染みは少ないが、日本はチュニジアにとって最も好ましい国の一つと見られている。チュニジアが独立した一九五六年以来日本が積み上げてきた友好協力関係増進のための努力が功を奏しているといえる。

（2）二〇一〇年九月には日本を代表するジャズピアニストである山下洋輔氏がチュニスで公演を行い大好評を博した。民間ベースの事業であったが大使館が全面的に協力した。チュニスにもジャズファンが多く、ジャズの分野にも優れた日本人が居ることに彼らは驚いた。因みに「チュニジアの夜」というジャズのスタンダード・ナンバーがあり、山下氏はこれを見事に演奏した。

山下洋輔チュニス公演パンフレット（2010年9月）

（3）毎年カルタゴの丘の上にあるアクロポリウムで国際的音楽祭である「十月カルゴ音楽祭」が開催されている。日本からも毎年音楽家が参加しているが、これに対する人気は高い。昨年はピアニスト及びギタリスト、本年は邦楽グループ（津軽三味線、尺八）が参加し、好評を博した。「日本」を発信する上で極めて効果的な催し（経費も少額）であるので、引き続き本省・国際交流基金の協力を得たい。

（4）日本語学習希望者への支援、日本留学経験者との連携なども強化していく必要がある。

（了）

コラム①

チュニジア、民主化に向けて大きな一歩

チュニジア革命から九ヶ月余が経った二〇一一年十月二十三日、チュニジアで史上初めての民主的選挙が実施された。

欧米の諸国から選挙監視団が派遣された。日本からも浜田和幸外務大臣政務官を団長とする選挙監視団が派遣された。私も監視団の一員として活動に参加した。

幾つかの投票所を訪れたが、初めての民主的選挙に参加するチュニジア市民の表情が明るかったのが印象的であった。選挙監視を通じて、私自身もチュニジアの民主化にほんの一部であるが参加できたという充実感を覚えた。

この経験を文章にしたのがこのコラム記事である。

1．はじめに

「今まで五十年以上生きてきたが、生れて初めて投票する。こんな嬉しいことはない」。これは、今年十月二十三日にベン・アリ政見崩壊後のチュニジアにおいて初めて実施された選挙において、投票所となった小学校で、投票の順番を待つチュニジア人女性が私に語った言葉である。チュニジアは本年一月十四日、革命が起きた。その後、民主化移行のための取組を一歩一歩確実に進めてきたが、憲

法を制定することになる憲法制定議会の議員二一七名を選出するための選挙（制憲国民議会選挙）を民主的かつ平和的に終えたことを歓迎したい。チュニジアは中東・北アフリカ地域における民主化を求める動きの先駆者であることから、同選挙が他のアラブ諸国に与える影響は極めて大きい。そのため、同選挙には国際的にも大きな関心が寄せられた。透明で自由な選挙の実施を確実にするため、チュニジア国内の民間団体をはじめ、多数の外国政府や国際機関、国際NGOが総選挙の監視活動に参加した。EUの監視団、アフリカのカーター財団の選挙監視団などがそうである。日本も浜田和幸外務大臣政務官を団長とする国際監視団を結成し、投票所での監視活動を行った。私もその一因となって参加した。

今回「アフリカ」に寄稿するにあたっては、今年一月十四日の政変以降、チュニジアがたどってきた民主化への道のりを振り返りたい。さらに、その中でも大きなステップとなった今回の制憲国民議会選挙について、監視活動を通して感じた投票所の雰囲気を交えつつ、選挙に対する評価と選挙結果を紹介したい。

チュニス随一の目抜き通り、ブルギバ通りを背景に
※背景の５階建ての建物は内務省。１月 14 日、この前に１万人を超える民衆が押し寄せ、数時間後ベン・アリ大統領は国外脱出した

2. 政変から制憲国民議会選挙までの民主化プロセス

二〇一〇年十二月、高い失業率、沿岸部と内陸部の経

済格差等に対するチュニジア市民の不満が反政府デモとして発現した。シディブジッド県で失業中で、野菜・果物の行商を行っていた二六才の若者の焼身自殺に端を発したデモは、瞬く間に全国に広まった。独裁政権下で表現の自由を奪われ、大統領や政権に対する批判はタブーとされた社会において、市民がそれまでの沈黙を破り、社会公正や自由、尊厳を求めて立ち上がったのは驚くべきことである。ベン・アリ大統領には首都チュニスをはじめ国内各地で広がる反政府の非暴力デモを弾圧によって抑えることはできず、かといって市民を満足させるような譲歩の道もすでに残されていなかった。ベン・アリ大統領の一月十四日のサウジアラビアへの逃亡により、二十三年間続いたベン・アリ政見は崩壊した。中東・アフリカ地域の専門家も、現場で外交に携わる者も殆ど誰も予想することができなかったこの政変は、たちまちエジプトやリビア、バーレーン、イエメン、シリア等の政治的、社会的に似通った状況下に置かれた市民を勇気付け、いわゆる「アラブの春」と呼ばれる民主化の波をアラブ諸国に引き起こした。

チュニジア革命はチュニジアの国花になぞらえて、特にフランスのメディアで「ジャスミン革命」とも称されるが、チュニジア人自身はこの呼称を好んでいないようだ。ジャスミンの花からイメージされるような穏やかなものではなかったこともあろう。彼らは「自由と尊厳のための革命」と呼んでいる。デモ隊と治安部隊との衝突により、約三〇〇名が犠牲になったと言われている。また、政変直後は、ベン・アリ大統領やその家族、側近の所有する建物や車が襲われるだけでなく。混乱に乗じた略奪行為が横行した。ベン・アリが残していった大統領警備隊と正規軍の間で激しい銃撃戦が繰り広げられた。その後、政変直後に弱まった警察力も暫くして元通りになり、暫定政府は国の運営において、治安維持を最優先事項のひとつとして掲げている。その甲斐あってか、政変以降、チュニジア各地でこれまで何度か暴動の発生に伴う夜間外出禁止令が出されたものの、革命後の民主化の道のりを揺るがすほどの大きな事態には至っていない。一方で、革命後に発出された非常事態宣言は未だに継続している。

一月十四日の政変に伴い暫定政府が形成され、三月四日には一九五九年制定憲法が停止された。また、過去との決別と新しい国づくりのため、政府から独立した三つの機関が設けられた。

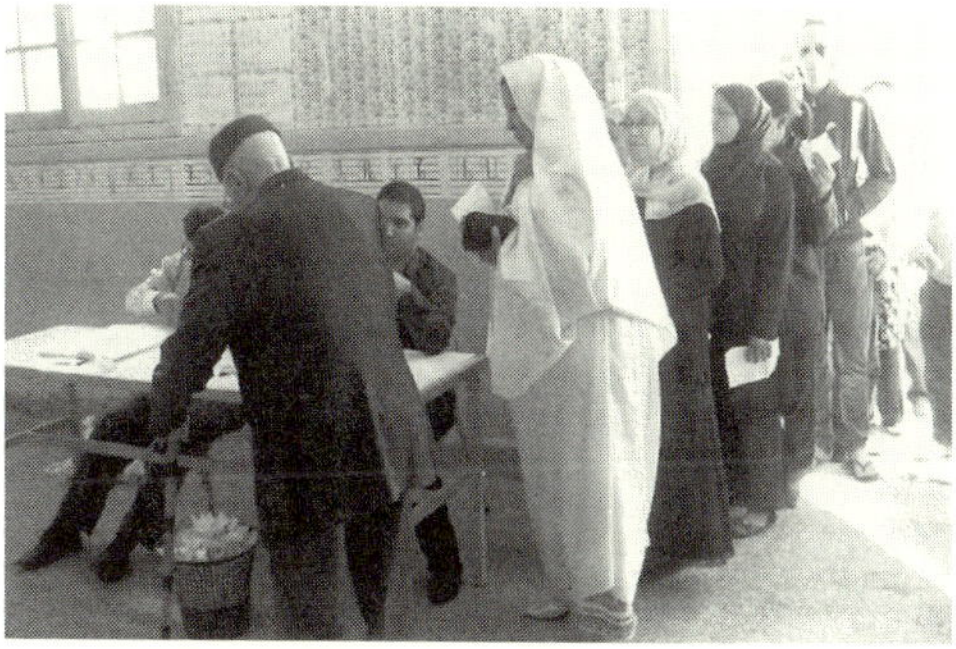

チュニス郊外の投票所／辛抱強く順番を待つ市民

一つ目は、革命に貢献下主要政党や市民団体の代表者や地域の代表等から成る「革命の目的・政治改革・民主化移行を実現するための高等機構」である。同機構は政党法や選挙法など、制憲国民議会選挙に関連する必要事項・手続の検討を行った他、民主化移行のための改革提言や政府活動に於ける首相の諮問に応じるという役割を果たした。

二つ目は、制憲国民議会選挙の準備や実施を担当する選挙機構（独立高等選挙機構）である。同機構は選挙人登録や選挙キャンペーンの監視、選挙に関するメディアの中立性の監視、投票所職員や国内選挙監視員の訓練など、選挙準備段階から選挙実施、その結果発表に至るまで、選挙に関する一切の事務を所掌した。内務省が選挙実施を担当していたベン・アリ政権時代の選挙人名簿には何万人もの死亡者の名前が掲載されていたことが分かっているので、国民ＩＤカードを基にして新たに選挙人名簿を作成することが、信頼できる選挙を行う上で非常に重要視された。しかし。登録作業は思うように進まず、八月二日まででであった当初の期限を十二日間延長しても、登録者数は有権者の五四％程度に留まった。結局、選挙人登録をしていなくても投票が行えるとの決定がなされたが、近い将来また行われる選挙において有権者確認作業の簡素化をはかるため、今後も引き続き登録作業を進める必要がある。また、今回浮き彫りになった政治に対する有権者の関心の低さを踏まえて、有権者の政治参加を促すためのさらなる取組が求められる。

上記二つの機関に加えて、前政権下で行われた汚職問題を調査するための委員会が設置された。十一月十日付で発表された報告書によると、同委員会はそれまでに寄せられた一万件の事件のうち約半数を調査し、そのうち三二〇件が検察に送検された。汚職がチュニジア社会のあらゆる分野にはびこっており、ベン・アリ大統領や、特にその夫人であるレイラ夫人の一族、さらには、閣僚、政治家、報道関係者、外国人などが事件に関わっているという。汚職の撤廃は今後のチュニジアが抱える大きな課題のひとつである。一部の層による富や権利の独占を解消し、より公平で透明な社会をつくるために、同委員会による調査が辛抱強く継続されることが期待される。

政変後の民主化プロセスの中で一番大きな焦点となったのは冒頭で述べた十月二十三日の制憲国民議会選挙であった。政変後、チュニジアには非常に多くの政党が生まれ、十一月現在で承認された政党の数は一一二にのぼる。政憲国民議会選挙にはこのうち約八〇の政党が参加した他、政党に属さない独立系の立候補者も全体の四〇％を占めた。選挙方式は、選挙区ごとの議席数と同数の候補者が名を連ねたリスト（注）に投票する拘束式比例代表制で、選挙区ごとの有効投票数を議席数で割った数を当選基準数とし、同基準以上の票を獲得したリストに対して一議席（もしくは二倍の票を獲得したリストには二議席）が与えられる。国内の二七選挙区だけで一五〇〇以上の候補者リストが提出され、候補者の総数は一万一千人以上にのぼった。同選挙は当初、七月二十四日に実施が予定されていたが、準備作業の遅れの問題から十月二十三日に延期となった。選挙を延期するか否かについては、「革命の目的」高等機関を中心として白熱した議論が行われた。延期となったことによって選挙実施機関側に選挙準備のための時間的余裕ができただけでなく、有権者にとっても多数の立后者の中から投票先を選ぶためのある程度の時間が与えられたことと、さらに何にも増して、技術的な面でも七月二十四日までには到底準備は間に合わなかったので、結果的には延期とした判断は正しかったと言える。

（注）リストとは基本的に「政党」であるが、政党を形成していない独立候補が数名（当該選挙句の定数）で集まって作るグループを指し示すため、政党ではなく「リスト」という言葉が使われている。

3. 日本選挙監視団活動報告

二〇一一年十月二十三日は多くのチュニジア人にとって特別な日となったことは間違いない。チュニジア新憲法を制定する議会を選出するため、同日、チュニジア史上初の自由で民主的な選挙がチュニジア国内において実施された（海外選挙区では同月二十日から二十二日にわたって実施）。同選挙に参加するため、朝早くから大勢の市民が投票所を訪れ、自分が投票する番を長蛇の列に並んで辛抱強く

投票の順番を待つチュニジア市民と懇談する浜田政務官

待ち続けた。我々日本監視団はチュニス市内及び近郊の八箇所の投票所を訪れたが、投票所で出会った市民の中には、投票するまでに二、三時間待ちは普通で、四時間以上待った人も稀ではなかったようである。もちろん、十月末でもまだまだ強いチュニジアの日差しの下で長期間待たされることに不満をもらす市民の姿もあった。しかし、全体としてどの投票所も、自分の声が新しい国づくりに反映されることに対する市民の喜びと熱気、高揚感であふれており、まるでお祭りのような雰囲気さえした。翻って、市民の政治参加が当然のこととみなされていて、そのための準備やインフラが確実に整っている日本の状況がどれだけ恵まれているか、改めて実感した。

我々が監視した投票所は、すべて小学校の敷地内に設けられ、さらにその中の三つから四つの教室にそれぞれ投票箱が設置してあった。一つの投票部屋に対して、投票所入り口の整列担当者一名、投票所内でのＩＤ確認や投票用紙の取り扱いを担当する職員二名、投票箱を管理する職員一名の最低四名の職員がつき、朝七時から夜七時まで投票作業が行われた。

投票は次のように行われた。選挙人はまず国民ＩＤカードを投票所の職員に見せ、選挙人名簿で名前の確認と署名を行った後、左手の人差し指に青のインクをつける。このインクは石けんで洗っても

二、三日は取れないインクとのことで、同じ人が二重投票するのを防止するためである。それから選挙区の全立候補者リストの名称とそのマークが記載された大きな投票用紙を受け取って個別ブースに入り、投票したいリストの横にある空欄に「×」をつける。投票用紙を四つ折りにして、部屋の中心に設置された透明なプラスチックの投票箱の中に入れる。

国民IDカードと選挙人名簿を用いた本人確認作業を手作業で行っていたため、一人が投票部屋に入って投票を終えるまで三分以上かかることもしばしばであった。作業の効率化はこれから何度も選挙を実施する中で改善していかなければならない点のひとつであろう。一方、選挙の透明さについては、選挙準備段階からEUやカーター財団などの国際選挙監視団が監視活動を行い、このような外国機関との協力のもと国内選挙監視委員の訓練も実施され、透明さを確保するための充分な措置が取られたと言える。実際、日本監視団が訪れた全ての投票所に、国内市民団体や政党からの監視員が複数名いて、選挙が公正に実施されているかどうか目を光らせていた。票の売買や投票所での選挙運動など、いくつかの不正行為が報告されているものの、全体としては民主的かつ透明な選挙が行われたと評価できる。

4．選挙結果と今後の見通し

制憲国民議会選挙では、選挙前の世論調査で最も有力視されていた①イスラム主義政党「エンナハダ」が八九議席（全二一七議席の四一％）を獲得して第一党となった。続いて、②中道左派の「共和国のための会議」（CPR）が二九議席（全体の一三％）、独立系候補ハシミ・ハムディ氏が代表を務める③「国民の請願」（エル・アリーダ）が二六議席（全体の約一二％）を獲得した。続いて左派系でベン・アリ政権下では野党として活動を続けた④「労働と自由のためのフォーラム」（エタカトル）が二〇議席（全体の約九％）を獲得した。一方、ベン・アリ政権下の野党で、選挙直前の世論調査においては市民から高い知名度・人気を得ていた⑤民主進歩党（ＰＤＰ）は一六議席（全体の約七％）を獲得するにとどまった。

選挙前の世論調査結果や有識者の見方では、エンナハダが第一党になることは想定内であったが、同党がもともと支持基盤を持つ貧困層の多い内陸部だけでなく、苦戦をするとみられていた海岸部や都市部においても多数の票を集め、ほとんど全ての選挙区で首位となったのは驚くべきことであった。今回の選挙制度が小規模政党に有利な比例代表制を採用していなかった場合、さらに獲得議席数を伸ばしていたことは確実で、同党に対する市民の間の幅広い人気がうかがわれる。

エンナハダはエジプトのムスリム同胞団に影響を受けたラーシド・ガンヌーシ（現党首）やその他の思想家が一九八一年に設立した政党で、ベン・アリ政権（一九八七～二〇一一）の初期においてはある種の活動の自由を与えられていたが、九〇年代以降は激しい弾圧を受けた。ガンヌーシ党首は二〇年以上にわたってロンドンで亡命生活を過ごしていたが、一月十四日の政変後に帰国し、空港では多くの支持者の熱烈な歓迎を受けた。

イスラム主義政党ではあるが、選挙の数週間前に発表されたエンナハダの政治・経済・社会プログラムは非宗教的で、西欧が不安を抱くシャリア（イスラム法）の導入を思わせるような事項を全く含まない。同党は、ガンヌーシ党首自身も述べるように「イスラム主義と民主主義」の両立を目指すト

日本の選挙監視団／前列左から３人目が浜田政務官、そのすぐ左が筆者

ルコの穏健イスラム主義政党、公正発展党のモデルに近いと言われる。

一方、エンナハダの中には過激な思想を持つ勢力が存在し、今後穏健派と過激派に分裂するのではないかとか、市民からの支持を拡大するための戦略として、一時的にイスラム主義の色を抑えているだけではないか、などといった懸念の声も聞かれる。その真相を知ることはできないが、民主的な透明な選挙が実施される限り、今後チュニジアが過激なイスラム主義に系統していく可能性は低いと思われる。

今回、エンナハダが市民から幅広い人気を集めたのは、信教の自由を含む個人の自由の尊重や女性の地位の向上を前面に掲げ、改革開放路線を取ったことが大きい。今後、エンナハダがイスラム主義の傾向を強め、例えばアルコール販売の規制や一夫多妻制の復活、女性のヒジャーブ着用の義務などを提案したとしても（同党はこれらを提案しないと宣言しているが）、ブルギバ政権及びベン・アリ政権時代に多分に西欧化したチュニジア社会において、これらの提案は簡単には受け入れられないだろう。また、チュニジアでは一九五六年に公布された個人身分法により、他のアラブ諸国と比較して女性のための権利の保障が格段に進んでおり、女性の社会進出も顕著である（大学生の四四％、医者の四二％、裁判官の二九％が女性）が、これらの分野で後戻りするような政策を有権者が支持するとは考えにくい。

5．おわりに

チュニジアは一月十四日の政変以降、着実に民主化の道のりを歩んできた。制憲国民議会選挙が成功裏に終わって最初の大きな山場は越えた感があるが、一年以内に実施されることが期待されている新憲法制定や議会選挙、大統領選挙など、待ち受けている関門はまだまだ多い。最終的に安定した民主主義政権が樹立されるまでの道のりはまだ長いが、二十三年続いた独裁政権を倒すほどの強い意志を見せたチュニジア国民であれば、この目標を達成することも難しくないように思える。

日本はチュニジアとその独立（一九五六年）以来、友好関係を維持発展させてきており、チュニジア国民の日本に対する期待は大きい。

日本政府は今回選挙監視団の派遣により民主化支援を行い、チュニジア政府、国民から感謝された。日本政府はこれに加えて、チュニジア革命の原因となった失業、地域間の経済格差の是正という面でも支援すべく、その具体的政策を推し進めようとしているところである。

対談 バルトの国から「アラブの春」を考える

対談　多賀敏行×伊藤玄二郎（注）

（注）　伊藤玄二郎氏は星槎大学教授・「星座」（かまくら春秋社刊）の編集長

西欧を向いたアラブの国

伊藤　ラトビアとの文化交流で知られる北海道・東川町がラトビアの民話を絵本にする事業を進めています。そのお手伝いをしている関係から大使にはなにかとお骨折りいただき感謝しています。

多賀　『もりはいいところ』（かまくら春秋社刊）に続いて二冊目になる絵本ももうじき出版されるとのことで、ラトビアという国、文化について東川町にとどまらず日本のみなさんに理解を深めていただけるのではないかと期待しています。

伊藤　ぜひそうなって欲しいと望んでいます。ところで、大使は二年前までアフリカのチュニジア大使をなさっていました。日本人にとってチュニジアという国は、正直に申し上げてあまり馴染がないのですが、最近、過激派組織「イスラム国」との関係で新聞紙上などでチュニジアという国名をよく目にします。絵本という平和的なイメージのお話から、イスラム過激派というテロや闘いといったイメージがむすびつく話題に移り恐縮ですが、チュニジアと「イスラム国」の関わりについてまず教えていただければと思います。

多賀　いまのお話は、過激派組織「イスラム国」が唱えるところの「聖戦」に、チュニジアの多くの若者が加わっているのはなぜか、というご質問だと思います。
伊藤　はい、その通りです。新聞報道によると、「イスラム国」に加わっている外国人戦闘員は約一万五千人、そのうちの三千人ほどがチュニジアの若者で、国別では最も多いのだとか。
多賀　チュニジアを離れて二年になりますし、「イスラム国」についてもさほど詳しくないので、あまり自信を持ってお答えはできないのですが、若者たちが「イスラム国」参加に駆り立てられる土壌や背景がチュニジアにあるということはいえると思います。
伊藤　私は四年も昔のことですがモロッコからチュニジアまで陸路を旅してチュニスから、イタリアのパレルモに飛んだことがあります。実はチュニスで一週間ほど入院したのですが、とても人々が親切だった記憶があります。ですからチュニジアの若者の今回の行動に少なからず驚いています。
多賀　たとえば、チュニジアはアラブの国であることは確かなのですが、初代大統領のブルギバも二代大統領のベンアリもイスラムを封印し、西欧に開かれた穏健な世俗的な国家の道を歩んできました。ですから、イスラム教の色彩の強いアラブの国とは、いささかお国柄が異なっていて、若者はもちろん多くの国民は過激主義に傾倒しているとは思えません。つまり、イスラムに対する「免疫」がありませんでした。そのため、革命後に急激に浸透してきた過激なイスラム思想に感化されやすかったのだと言えます。
伊藤　きっと多くの日本人はアラブの国＝イスラム国家だと思い込んでいます。アラブの国といっても、それぞれに個性があるのですね。チュニジアの失業率が一五％にも上っているという記事も目にしましたが、そのような社会・経済状況もまた影響しているのでしょうか。

多賀　革命で希望を持ったものの、その後、社会・経済的に何も変わっていない母国の状況に絶望した若者たちが、「イスラム国」の「ジハード（聖戦）に参加すれば報奨金を与える、死後は天国にも行ける」という約束につられてしまったこともあります。ほかにも、リビアやトルコに渡るに際して、チュニジアの場合、ビザが不要だったことや革命後に二万人もの犯罪者、政治犯が釈放されたためジハード戦士の予備軍が豊富だったこと等が影響したと考えられます。

外国語はできた方がいい

伊藤　さきほどから仰っている「革命」とは、二〇一一年一月の「チュニジア革命」のことですか。

多賀　そうです。世にいう「アラブの春」の先駆けとなった「チュニジア革命」のことです。ちなみに「ジャスミン革命」と欧州のメディアで言われましたが、チュニジア人は、「そんな軽い出来事ではなかった」としてこの名称を使いたがりません。

伊藤　当時、大使はチュニジア大使として首都チュニスの日本大使館においでになりました。つまり、革命を肌身で感じるという、劇的ともいえる歴史的な経験をなさったわけです。

多賀　外務省に勤務して四十年ほど経過していましたが、なかなか体験できない経験であったことは確かです。

伊藤　チュニジアに居住、滞在する邦人の、いわば責任者の立場だったわけですから、わが身のことはさておいて邦人を守らなくてはいけなかった。想像するだけでも大変な事態だったとお察しします。

多賀　当時、チュニジアには約百八十人の在留邦人と約二百人の日本人観光客が滞在していました。彼らの安全を確保できるのか、そして、大使館の安全を守れるのか、頭の中を不安がよぎったのは事実です。結局、一人の負傷者も出すことなく、ほんとうにほっとしました。

伊藤　「アラブの春」はエジプトから始まったという印象の方が日本人には強い、でも、端緒はチュニジアだったのですね。具体的に、革命の状況はどのようなものだったのでしょうか。

多賀　二〇一一年一月十四日、ベンアリ大統領はチュニジアを脱出することになるのですが、それ以前からデモ隊と治安部隊の衝突があったり、夜間外出禁止令が出されたりしていましたので自宅にも帰れなくなり、大使館員は館内で寝泊りしました。私はといえば、大統領府のあったカルタゴ地区に日本大使公邸があったため、道路封鎖で公邸に閉じ込められてしまいました。十四日以降は、大統領警備隊の残党が市内で発砲、略奪を繰り返したり、車両に火を放ったりで、市民は困難の渦に巻き込まれました。

伊藤　大使ご自身は、身の危険を感じることはなかったのですか。

多賀　十六日と十七日の二日間にわたり公邸から目と鼻の先で大統領警備隊残党と正規軍の掃討部隊との間で激しい銃撃戦が繰り広げられたときには、公邸の料理人と二人、二階の廊下にひたすらうつ伏せになって流れ弾に当たらないようにし。銃撃戦の終わるのを待ちました。そのときは、さすがに肝が冷えました。

伊藤　生きた心地がしませんね。銃撃戦は、その後、なかったのですか。

多賀　結局、大使館事務所のある市の中心部の方が安全と判断し、十七日の午後になってチュニジア外務省を通じて、軍・警察による保護を依頼することにしました。夕方になって警察車両が三台、救いに来てくれましたので、私は普段着からスーツにネクタイ姿に着替えて車両に乗り込みました。

伊藤　スーツにネクタイですか。非常時によく落ち着いて衣服を替えられましたね。何か理由があってのことですか。

多賀　日本とチュニジアは友好関係にあります。警察官は友好国の大使保護という大切な任務を任されたと思ったに違いないと考え、それ相応の姿勢を示さなければと思ったのです。なにより、カジュアルな服装では日本大使の存在そのものが軽く見られるのではないか、見られてはいけないという意識が働きました。もし銃撃戦で命を失うことになっても、スーツ姿の方が、身元がすぐわかるだろうとも思いました。

伊藤　なるほど。一国の代表としての気配りというものは、いろいろと大変なものです。しかし、無事に車両に乗り込んだとはいえ、市の中心部までの移動中に襲われる危険性もあります。

多賀　幸いそのようなことにはなりませんでしたが、途中、軍の兵員輸送トラックが黒焦げになって横たわっていたり、コンクリートの破片がちらばり、大きな看板が路上を遮っていたり……その看板には、数日前までチュニジアの独裁者だったベンアリ大統領のポスターがはられていて、そのポスターはズタズタに破られていました。辺りが静まり返って中で警護の警察官が黙々とそれを除去する姿を見て、私は権威と秩序が崩壊した世界にシュールなものを感じました。

伊藤　助けにきた警官とは、革命について何かお話しになったのですか。大使はフランス語が堪能でいらっしゃる。

多賀　保護に駆けつけてくれた警察の隊長へ、任務への感謝と警察の勇気への敬意を伝えました。言葉を交わして良い関係を築こうと努めました。会話は、もちろんフランス語です。チュニジアでは小学校三年生からみんなフランス語を勉強します。母語はアラブ語のチュニジア方言であるチュニジア語ですが、同国では小学校にあがると標準アラビア語を学びます。ですから、大人のチュニジア人はアラブの人たちと会うときは標準アラビア語で話し、欧米などの外国人とはフランス語での会話を試みます。

伊藤　私の英語力では、もし同じ立場に置かれたら意志の疎通も不可能だった。それでなくても非常時ですから、何者かと間違えられて、銃で撃たれていたかもしれません。

多賀　言うまでもありませんが、緊急時に相手と共通の言語で意志の疎通ができるかどうかはとても重要です。私の場合、警官とフランス語で充分コミュニケーションができたことで、パニックになることもなく冷静に振る舞うことができました。やはり外国語はできた方がいいと思います。

伊藤　会話まではできなくてもいざというときのために緊急事態に用いられる単語だけでも知っておくと身を助ける事になるかもしれません。

多賀　仰る通りで、私もチュニジア革命では同様のことを思いました。実は、「夜間外出禁止令」など非常事態下で生き延びるために知っておかなくてはいけない語彙を五十くらい集めて、たとえば「仏語圏の国で緊急事態を生き延びるための必須フランス語単語五〇」といったような調書を外務省の同僚らのために書きたいと思ったのですが、まだ手が着いていないのです。

伊藤　それはなかなかいいアイデアです。フランス語圏といわずほかの言語圏でも必要でしょう。それに、外務省の関係者ばかりではなく、一般人にも役立ちます。ボクもしばしば海外へ出かけますので、出来上がったら一部、ぜひお分けください。

ところで、話の筋が前後しますが、そもそも「チュニジア革命」は、なぜ起こったのですか。失業中の青年が県庁の前で抗議のため焼身自殺したのが発端になったとは聞いているのですが。

革命の「英雄」の実像

多賀　焼身自殺を図ったのは二〇一〇年十二月十七日のことです。チュニスから南に約三百キロほど離れた町に住む二十六歳の失業中のその青年は、一家の家計を支えるために町の広場に屋台を出して野菜や果物を販売していました。しかし、販売の許可を得ていなかったために警官に注意されて喧嘩になり、警官が秤を没収したために県庁に窮状を訴えようとしたものの役人は話を聞いてくれなかった、よって青年は自殺を図った——一般にはそのように伝えられています。

伊藤　一般には、ということは、何か裏があったということですか。

多賀　その後、当時のモルジャン外相は、青年が言い争った警官は女性警官で、彼は彼女に平手打ちをくらったと説明しています。イスラムの社会では女性に殴られるというのは男性にとって大変な侮辱であり、尊厳にかかわることです。

伊藤　草食系などと呼ばれる男性が増えた日本でも、それはやはり侮辱に当たるような気がしますが。

多賀　ところがその後、フェイスブックに流れた情報によると、秤を没収されて頭にきてしまった青年は、「お前の乳房を秤の代わりに使うぞ」と毒づいて女性警官の胸に触ったというのです。秤は両端にふたつの皿がぶらさがった天秤タイプで、これを乳房に見立てたのでしょう。だから女性警官は腹を立てて平手打ちをかました、というのです。

伊藤　セクハラ行為があったために、女性警官は青年を殴ったことになりますね。そうだとしたら、この青年に対する評価もまた異なってきます。

多賀　革命の英雄としての青年に対するイメージは根底から覆ります。

伊藤　新聞等、マスコミは報道しなかったのですか。

多賀　マスコミばかりかアメリカのオバマ大統領まで革命の英雄、殉教者と紹介していましたから。いまさら青年に対するイメージを打ち壊すわけにはいかなかったのでしょうね。

伊藤　それにしても、焼身自殺から一月と経たぬうちに大統領が国外へ脱出するような事態になるとは、信じがたいものがあります。

多賀　焼身自殺事件をきっかけに大規模な抗議デモが全国に広がっていきますが。その背景には失業率の高さなど経済的な要因や表現の自由の制約に対する潜在的な国民の不満がありました。

伊藤　チュニジアでは大統領一族があらゆる面で大きな力を握っていたとか。

多賀　殊に、ベンアリ大統領のレイラ夫人の一族の腐敗、汚職が蔓延し、国民の我慢は限界に近づいていました。また、チュニジアで最大部数を誇るフランス語の新聞は、連日、大統領夫妻を褒めちぎる記事ばかりで、うんざりさせられる代物でした。本当のことは何も書かれておらず、知的閉塞感とはこのようなものかと実感させられたものです。ヨーロッパのある国の大使は「言論の自由がないために、チュニジアのインテリたちとは本当の議論ができない。こういう国での勤務は知的刺激に欠けてつまらない」と嘆いていました。

伊藤　とはいえ、やはり大統領の国外脱出は唐突だったように思います。

多賀　政権が倒れる、大統領が国外に脱出するなどと予測した人は、ほとんどいなかったと思います。

伊藤　大使はベンアリ政権をどのように見ていたのですか。長くは続かないと考えた事はなかったのですか。

多賀　実感を持って政権の将来に不安を抱いたのは、国外脱出の前日十三日のことです。ベンアリ派、体制派だと思っていた舞踏家で演出家の女性が数日前に平和的デモに参加したところ、警官に殴打され、路上を引きずられケガをしたのです。見舞いに行って私は、必ずしも反体制派ではない人に対してこのようなひど仕打ちをしていては、政権は危うくなってしまうと思い、見舞いの際の彼女との会話を電報で本省に報告しました。いまとなっては、もっと直截的に「政権は長くない」と伝えるべきだったと思います。

まだ遠い「アラブの春」

伊藤　外交の専門家をしても予想できなかったチュニジア革命は、その後、「アラブの春」の先駆けと位置付けられます。つまり、チュニジア革命の影響を受けて、リビアやエジプト、イエメン、シリアなどに民主化の傾向が見られるようになるわけですが、その後のプロセスを思うに「春」はまだまだ遠いようです。

多賀　「アラブの春」という名称は、アラブ地域の独裁政権のもとで圧制に苦しむ民衆が独裁者に対してノーを突きつけ、民主化に向かう現象を指しているようです。しかし、では、実際にどの程度「春」が訪れているのかといえば、あまり成功しているとは言えません。

伊藤　たとえば、エジプトなどはいかがですか。

多賀　エジプトはもともと軍の力が圧倒的に強い国です。たしかに軍人あがりのムバラクは民衆のデモによって退陣しましたが、その後も軍は大きな力を維持しました。二〇一三年にはクーデターによってムスリム同胞団政権が倒れましたが、一四年六月には軍出身のシーシ大統領が誕生しています。

伊藤　つまり、軍が国を支配する構造に変わりはないことになります。チュニジアのお隣の国、リビアでは政府軍、世俗派民兵、イスラム系勢力が入り乱れて内線状況に陥っているようです。

多賀　リビアという国は部族間の対立、出身階層による対立の要素がとても大きい。それに官製であれなんであれ、国民は選挙というものを一度も経験したことのない国です。

伊藤　こうして見てくると、一四年一〇月に人民議会選挙が行われ、翌月には大統領選挙が実施されたチュニジアは、さきほど大使が西欧に開かれた国と指摘されたように、他のアラブの国とはやはり一味異なる国、「アラブの春」の先進国と位置付けられそうです。

多賀　独裁者を排除し、民主化へ向けて具体的に歩きだしたのはチュニジアだけですからね。ただ、一連の「アラブの春」の具体的な動きを見てきて思うのですが、チュニジアを含めてどうもそれぞれの国民は、最初の段階では、民主化までは求めていなかったのではないかという気がします。

もっぱら独裁者の汚職や腐敗に対する怒り、不正を取りのぞいて欲しいという願いがデモなどに表れたのではないでしょうか。

伊藤　そう解釈すると「アラブの春」への評価も変わるかもしれません。しかし。チュニジア革命が他のアラブ諸国の民衆に、やればできるのだという希望と勇気を与えたのは確かではありませんか。

多賀　それまでは報復覚悟で批判しなければならなかった独裁者を、思いの外、簡単に国外へ排除したのですから、チュニジア革命は勇気づけたのでしょう。他のアラブ諸国の民衆が行動を起こしたのはその結果だと思います。そして、そのような動きをソーシャル・メディアの発達が支えました。民衆は身の危険を感じることもなく。自由にネット上で意見を表明し、連帯を深めることができたのです。特にチュニジアは、アフリカでも一、二を争うインターネットの普及国ですから。

伊藤　小学校三年生からフランス語を習うというお話でしたが、チュニジアは教育レベルがとても高いのだとか。

多賀　若者の三六％が大学を卒業しています。それなのに、これまではベンアリ大統領と彼を取り巻く一族が権力や利権を恣にし、若者は満足に仕事にも就けない社会状況であったわけですから、不満や憤りも爆発するわけです。

伊藤　四十年にわたる長い外務省勤務を通じても、「チュニジア革命」はなかなか体験できない出来事だったというお話でしたが、大使はその貴重な体験を本にまとめる準備を進めています。

多賀　二十三年にもわたり独裁政治をしてきたベンアリ政権の崩壊、それも民衆の革命による崩壊を大使として観察し関与したのです。その経験を書き残しておくことは、私の義務ではないかと考えてのことです。

伊藤　記録を残すことは、後世の人達が歴史への理解を深め、未来の糧とすることにつながります。大使のお話の中には、日本政府の見解として発表されていない、私的なご意見があったかと思います。チュニジアを考える上で、ぜひ参考にさせていただきます。ありがとうございました。

（ラトビアの首都リガの日本大使公邸にて）

コラム② チュニジアの月

海外駐在の大使として日本国、日本人が現地の人々に愛され、信頼されている姿を目にし、耳にすることは喜ばしいことであり、同じ日本人としてとても誇らしいことである。

二〇一一年十二月六日、駐チュニジア大使を務めていたときのことだ。

同年一月、同国で革命が起きた。二十三年にわたり同国を独裁支配してきたベン・アリ政権が倒れ、ベン・アリ大統領は国外へ脱出した。この革命をきっかけに、エジプトやリビアなどのアラブ諸国でも民主化を求める反政府運動が起こり、一連の動きは「アラブの春」としてわが国でもひろく報じられた。

この日、私は革命後の暫定政権で外務大臣をつとめていたケフィ氏と懇談した。チュニジアの民主化努力に対して日本政府は協力をおしまない旨を改めて伝え、また、ケフィ氏のこれまでの尽力に敬意を表するのが目的だった。同氏は、同年末をもって任期を終えることになっていた。

懇談を終えて辞去しようとする私に大臣は別れの握手を求めてきた。次に、同行していた日本大使館岩崎えりか書記官にも手を差し伸べたので、私は同書記官は最近までシリアでアラビア語の研修を受けていたと紹介した。そして、「日本外務省は、かなりの数のアラビア語に堪能な外交官（アラビスト）を擁している。当地の日本大使館にも優秀なアラビストである同書記官が配置されたことを大使として嬉しく思う」と述べた。

ケフィ氏の表情に変化が現れたのは、そのときだ。それまでの快活な表情が感慨深げな面差しになった。そして、ある日本人外交官のエピソードを語り始めた。

十年ほど前、チュニジア外務省と当地の日本大使館の関係者による夕食会が開かれた。ケフィ氏は当時、同国外務省アメリカ・アジア担当総局長の職にあった。

夜空には清澄な光を放つ月が輝いていた。

チュニジア外務省の職員が月を見上げて言った。

「今夜は月が欠けている（kousouf）」

すると、アラビストの日本大使館の若い書記官がこう述べたという。

「kousoufは、『太陽が日食などで欠けて見えること』の意です。月が月食などで欠けている状態を示す単語は『khousouf』です」

その場にいたチュニジアの人の間に、しばし沈黙が広がった。ふたつの単語（クスーフとフスーフ）の違いを、だれも知らなかったからだ。

標準アラビア語を小学校一年生のときから学んでいるチュニジア人がだれも知らないことを、日本の若いアラビスト外交官が教えてくれたのだ、この日本人外交官の優秀さに簡明を受けた――とケフィ氏は回想した。

日本人外交官には優れた人がいるのだ。ケフィ氏の語る内容に、私は嬉しさを覚えた。が、同氏の話の顛末は衝撃的だった。

「その後、この外交官はイラクに転勤になった。しばらくして、彼が上司とともに銃撃を受けて命を落としたと聞いたときは、本当に驚いた。優秀で人柄のいい、あの若い日本人外交官が亡くなったことは、実に哀しいことであった……。」

ケフィ氏が話題にしたのは、発言の内容から井ノ上正盛三等書記官（殉職後、一等書記官に特進）であることは明らかだった。彼は二〇〇三年十一月、イラクに長期出張中だった奥克彦参事官（同、大使に特進）とともに北部イラク支援会議に出席のためティクリートに向かう途中、銃撃を受け三〇歳の若さで命を奪われた。

井ノ上書記官は一九九六年に外務省に入省し、中近東アフリカ局、在シリア、チュニジア大使館に勤務。二〇〇二年四月、在ヨルダン大使館兼任イラク大使館員となった。私は彼とは一緒に仕事をする機会はなかった。在チュニジア大使館に勤務していたことを知ったのも大使としてチュニジアに着任してからのことだ。

殉職から八年の歳月を経て、いまなおケフィ氏にこの様な発言をさせるほど優れ、現地で愛された外交官であったことを知って、外務省の同僚として、私はこのうえなく誇りに感じた。そしてまた、同書記官を失ったことは日本外務省にとり大きな痛手であったことを悟った。

井ノ上書記官への評価は、チュニジア外務省、外交関係者からばかりではない。チュニジアで十年近くにわたりカルタゴ電力株式会社の共同会長をつとめた西村正樹氏（丸紅出身）は、同書記官についてあるとき私に問わず語りに教えてくれた。

「チュニス日本人会の会長をしていたのですが、同会の行事で面倒な事務処理があると聞くと、井ノ上書記官は『私がやりますよ』と助けてくれた。大変、気持ちのいい好青年でした。外交官としても有能だった。そんな若者が、イラクであのような最期を遂げるとは……。本当に残念。」

いま「アラブの春」は混迷し、シリアをはじめ中東情勢は収拾のつかない状況に陥っている。地理的に遠く離れる日本だが、日本外交の果す役割は小さくないはずだ。そのような中で有能な井ノ上書記官が生きてくれていたならと、くやまれてしかたがない。

チュニジア革命前夜

「アラブの春」の先駆けとなったチュニジアの「ジャスミン革命」

――当時の「分析メモ」を読みながら「ジャスミン革命」前夜にタイム・スリップしてみる――

A 「分析メモ」を読む前に

1. 「ジャスミン革命」とは?

二〇一〇年の暮れから中東・北アフリカにおいて民主化を求める民衆の運動が広がった。後に「アラブの春」と呼ばれる大規模な反政府行動である。

その先駆けとなったのが二〇一〇年十二月十七日のチュニジア青年による抗議の焼身自殺(未遂)に端を発し、翌二〇一一年一月十四日のベン・アリ大統領の国外脱出、そしてベン・アリ政権の崩壊に至った「ジャスミン革命」あとである。ジャスミンとはチュニジアを代表する白い花である。ベン・アリ大統領は二十三年に亘って強権政治でもってチュニジアを支配した独裁者であった。

筆者はチュニジアに駐在する日本大使として、当時この動乱状態の中を生きて、かつ観察した。ジャスミンは少し妖しさを秘めた、甘く芳しい香りを放つ花であったことが今でも記憶に残っている。

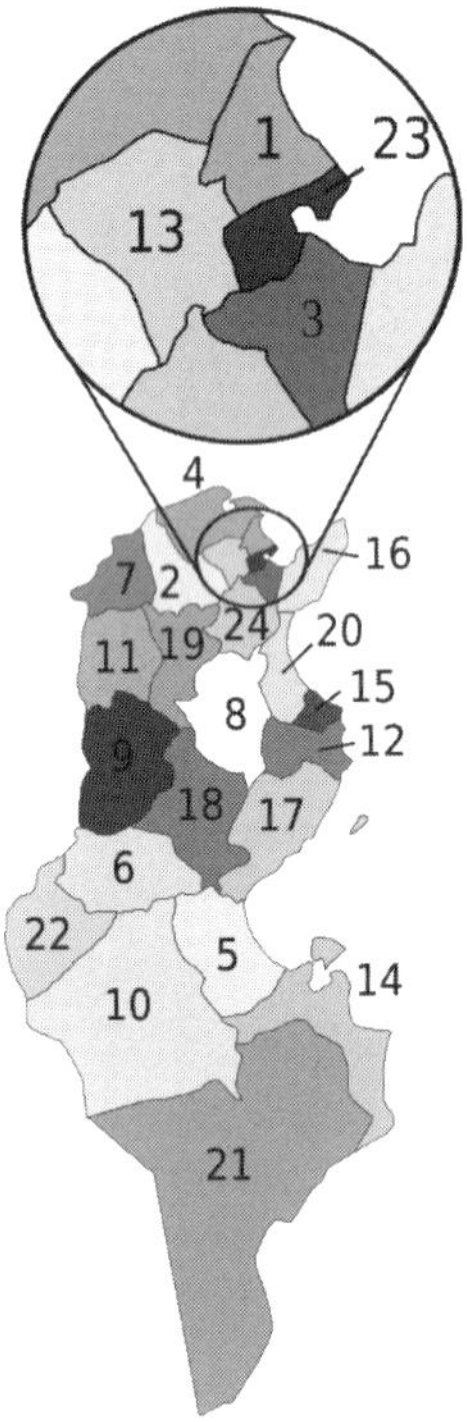

チュニジア地図
（18番：シディ・ブゥ・ジッド県）
【出典：https://fr.wikipedia.org/wiki/Tunisi】

2. 出来事を記録、分析した文書

ここに二〇一〇年十二月十七日から二〇一一年一月五日までの二〇日間の出来事を記録、分析した当時の文書がある。私が現地の報道ぶりを取りまとめて、さらに関係者から話を聞いてまとめた個人的なメモ（忘備録）である。このメモは「ジャスミン革命」と一言で言ってしまうことにより見失ってしまいそうな諸事実、即ち当時チュニジア国内で具体的出来事として何が起きていたのか、社会の雰囲気はどんなものであったかについて詳しく記しているし、チュニジアが抱えているアキレス腱とも言うべき問題、即ち沿海部と内陸部の経済的格差と、失業率の高さという問題を端的に指摘しているので、革命から六年経ったが、歴史の記録としてそれなりに意味のある文書と思われる。

この文書はチュニジアの南部の貧しい県のシディ・ブゥ・ジッドという県で二〇一〇年十二月十七日から始まった抗議デモが発展し、チュニジア各地に広がっていることを描写しているが、よもや翌二〇一一年一月十四日のベン・アリ大統領の国外脱出（「ジャスミン革命」）に繋がることになろうとは同文書の書かれた時点（二〇一一年一月六日）では予測していない。

3. ベン・アリ大統領は何故国外脱出したのか

そもそもベン・アリ大統領が何故国外脱出したかについては不明な点が多い。ベン・アリ本人は脱出の翌日チュニスに戻るつもりであった（もっとも、暴動が大きくなり、結果として戻れなかったが）。つまりそもそも国外脱出の意図はなかったという説（ル・モンド紙の二〇一一年二月六—七日付け報道）がある。またベン・アリが国外に出るために用意された飛行機には当初巡礼に行くレイラ夫人だけが乗り、自分は搭乗するつもりは無かったが、ベン・アリは大統領警備隊のアリ・セリアティ隊長にせかされて、（実質的に騙されて）熟慮の結果ではなく、とりあえずということで搭乗し、そのまま国外に送り出されてしまったという説（ベン・アリ大統領夫人のレイラの著書“Ma vérité”（「私の真実」）による）もある。チュニジアを代表する著名なジャーナリストの一人が筆者に革命後数ヶ月経った時点で「ベン・アリは当時反政府運動に圧倒されていた訳ではなく、持ちこたえようと思えば数ヶ月も、一年も権力の座に留まることは十分可能であった。そうであるのに一月十四日という早い時点でどうして政権をあっさり手放して外国（サウディアラビア）に脱出してしまったのか、今でも不思議な感じがする。」と述べていた。

外国の中で一番チュニジアに近いフランスさえベン・アリ政権の崩壊を予想できなかった。フランスの外務大臣（当時）は「ベン・アリ政権の崩壊は誰も予測できなかった」と述べている（二〇一一年二月三日　ル・モンド紙）。

チュニジア政府高官、チュニジア駐在の各国外交官も、はたまたベン・アリの親族さえ、一月十四日という早い時点でベン・アリが政権を放り出すことになるとは予測していなかった。現に筆者は一月七日に他用で面談したチュニジア外務省の高官は筆者の質問に対し「シディ・ブゥ・ジッドでの騒動はやがて収まる」と述べ、心配そうな表情は全く示さなかった。

一月六日に記したこの文書の題は「シディ・ブゥ・ジッド県における抗議デモ分析メモ」となっているが、そのことは示唆的である。厄介な暴動が南部の都市で起きているが、これがチュニジアという国全体にかかわる、いわんや革命にまで繋がるとは予想しいていないことを窺わせる題である。ベン・アリ政権の崩壊(「ジャスミン革命」)はエジプト、リビア、シリア、イエメンなどの国々に地政学的地殻変動をもたらし、これら一連の動きは後に「アラブの春」と呼ばれるようになった。

4.「アラブの春」の今

翻って、これらの国々は「アラブの春」という変遷を経て現在はどうなっているのだろうか。

エジプトでは独裁者ムバラク大統領が退陣を余儀なくされた(二〇一一年二月十一日)後、エジプト史上初の民主的な選挙(一二年六月)が行われたのは良かったが、その結果ムハンマド・モルシというイスラム原理主義の人間が大統領になり、イスラム主義色の強い憲法を押しつけたり、キリスト教系のコプト教への迫害が強まったりと、国民の不満は高まる一方だった。そうした鬱憤は一三年六月末、ムバラクのときと同じように民衆蜂起という形で爆発した。それに乗じて軍部が事実上のクーデター(一三年六月)を起こし、アラブの春以前と同じ、軍事政権に戻ってしまった。軍部のトップを務めているのはシシであり軍服を身にまとった新たな独裁者の誕生である。

リビアは独裁者カダフィにより長年に亘り支配されていたが、反政府勢力によってカダフィは殺害された（二〇一一年十月）。カダフィの雇っていたマリなどアフリカ諸国からの傭兵達やカダフィの武器庫にあった多量の武器はリビアの近隣諸国、中東、アフリカ諸国に拡散してしまい、これら地域の不安定化の大きな要因の一つになった（注1）。

カダフィ亡き後リビアは東西が全く違う勢力によって支配され、内戦が続いている。IS（「イスラム国」）がそれに乗じてリビア国内にIS戦闘員の訓練基地を設けて、訓練を行っている。

シリアでは「アラブの春」で民衆が起こしたデモに対しアサド政権は容赦なく発砲し、反体制派がこれに応戦した。混乱の中でISが台頭し、シリア北部のラッカを首都に定めた。米国やサウディアラビアが反体制派を支援する一方、ロシアやイランがアサド政権を支える構図となり内戦はおさまりそうにない。

この中で唯一民主化に成功したと言えるチュニジアも順風満帆とは言いがたい。史上初の民主的な選挙（二〇一一年十月二十三日）により、制憲国民会議が作られ同会議により民主的憲法案が作成、公布され（二〇一四年一月）、それに基づいて議会選挙（二〇一四年十月）、大統領選挙（二〇一四年十一月～十二月）が行われたのは良かったが、同国のかかえる問題は解決されていない。

失業は殆んど改善されておらず、若者の失業率は相変わらず高い。さらに困ったことに国内の治安が悪化しており、二〇一五年三月にはイスラム過激派によるチュニス市内にあるバルドー国立博物館襲撃事件が起きて、日本人三名を含む二二人の外国人旅行者が犠牲になっている。

二〇一五年六月にはチュニジアの中部の海辺のリゾート地のスースの五星ホテルでヨーロッパからの観光客を中心に三八人が銃殺されるという襲撃テロがあった。二〇一五年十一月にはチュニスで大統領警備隊のバス車内で自爆テロがあり一三人が死亡し「IS（「イスラム国」）チュニス」が犯行声明を出した。そのほか、リビアとの国境に近いベンゲルデンやアルジェリアとの国境でもISなどイスラム過激派によるテロが繰り返されている。この関連でISへ参加する外国人戦闘員（総数は一五〇〇〇人と言われていた）の中で、チュニジアからの若者が他のいかなる国をも上回り、二〇一四年に三〇〇〇人を数えたということは由々しきことである。これが二〇一五年には六〇〇〇人へと倍増している（The Soufan Group 資料）(注2)とのことである。

（注1）　筆者は二〇一二年の初頭、チュニスで「リビアから流れてきた武器が売られていて、カラシニコフ一丁が六〇〇ディナール（約三万六〇〇〇円）で入手できる」という噂を聞いた。
（注2）　国枝昌樹著『「イスラム国」最終戦争』（朝日新書）四九頁。

5．「アラブの春」とはいったい何であったのかという根源的疑問

このように各国の悪化した現在の状況、民主化からほど遠い状況を見ていると「アラブの春」とはいったい何であったのかという根源的疑問が湧いてくる。「アラブの春」は来ないほうがよかったのではないかという見方もありうる。民主化はそもそも中東・北アフリカになじまないのではないかという意見もありうる。

「アラブの春」の歴史的評価が定まるにはまだ時間がかかりそうだ(注3)。しかしながら「アラブの春」

の先駆けとなったのはチュニジアの「ジャスミン革命」(注4)である。このことを確認し（筆者は最近日本人ジャーナリストで「「アラブの春」はエジプトから始まった」と発言する人に会い驚いた。チュニス郊外の大統領宮殿の近くに住み、至近距離で銃撃戦を聞きながらあの騒乱をからくも生き抜いた(注5)筆者にとっては、その発言はショックだった）、その「ジャスミン革命」の端緒となったチュニジア国内で起きた様々な出来事とは、いったいどんなことであったのかを今、確認しておくことは正しい歴史を後世に残す上で大きな意味があると思う。今そのような努力を怠ると、「ジャスミン革命」とは何であったか人々の記憶からすべて消え去ってしまうのではないかと危惧する。(注6)

時間を二〇一一年一月六日に設定し、視点を首都チュニスに置いてみて、諸情勢を眺めてみたい。二〇一一年一月六日とは「ジャスミン革命」の頂点（ベンアリ大統領の国外脱出）の八日前である。それでは次章に文書「シディ・ブゥ・ジッド県における抗議デモ分析メモ」を披露する。

（注3）この歴史的評価は中東情勢の行方と不可分である。米国では二〇一七年よりトランプ氏が大統領に就任するが、そのことが米国の中東地域への関与の低下をもたらし、そして、それを埋めるような形でロシアの関与の増加をもたらす可能性がある。中東地域の情勢はさらに混沌とする可能性が高い。

（注4）この期に及んで恐縮であるが、「ジャスミン革命」という呼称について更に詳しい注を付けたい。ジャスミンは、チュニジアを代表する花であるのでチュニジアのことを欧州、特にフランスでは「ジャスミンの咲く国」と呼ぶ。チュニジアで起きた革命のことをジャスミン革命と呼ぶのはそういう事情からである。しかしチュニジア人自身は、死者約三〇〇人を出した政変は深刻な出来事であり、フランス人がエグゾティシズムに駆られて独り善がりに付けた「ジャスミン革命」という呼称は嫌だと思っている。そんな軽い出来事ではなかったのだとして、チュニジア人自身は「自由と尊厳のための革命」と重々しく呼んでいる。私には少し重々し過ぎる感じがする。チュニジアの人々は自己をやや過剰に美化したいのだろう。

（注5）どうやって生き抜いたかについては筆者が書いた随筆（二〇一三年七月四日付）「私は夜陰に乗じて大使公邸を脱出した」（一般社団法人霞関会会報誌 http://www.kasumigasekikai.or.jp/zuisou.html）を参照願いたい。

（注6）「ジャスミン革命」の全体像については、かまくら春秋社発行「星座　二〇一五年 No.72」に掲載の「バルトの国から『アラブの春』を考える――対談：多賀敏行（駐ラトビア大使）×伊藤玄二郎編集長」を参照願いたい。

B　シディ・ブゥ・ジッド県における抗議デモ　分析メモ
（二〇一〇年十二月十七日～二〇一一年一月五日現在）

要旨

○昨年十二月十七日から始まった大規模抗議デモはチュニジア各県へ広がりを見せたが、一月に入り小康状態に向かいつつある。

○抗議デモにおける要求は、一部政治的なものがあるものの、大半は、「雇用（の確保・提供）」、「生活環境の向上」、「経済発展」、「インフラ整備」、「公正な富の分配」等、実生活・経済面における要求である。

○チュニジア政府は、抗議デモに対し、経済政策・閣僚交代・大統領を含む政権幹部と市民との対話等の「アメ」と、治安部隊によるデモの鎮圧、野党系新聞の発行停止、デモを組織する労働組合への禁止命令等の「ムチ」で対応。

○チュニジアは、若年層の高失業率、地方間格差という問題点を抱えるが、政府はこの二点に対する問題意識を有しており対応も行っている。今後同種の抗議デモが発生する可能性はある。

目次

I. 事件概要

当地紙報道などをとりまとめると次の通り。

1. 事件の発端

(1)二〇一〇年十二月十七日、ムハンマド・ブゥ・アジージ（二六歳）が焼身自殺を試み、この事件を契機に、シディ・ブゥ・ジッド市において大規模な抗議デモが発生した。

(2)ブゥ・アジージは大学卒業以降定職を持たず、路上にて野菜や果物を販売し生活費を稼いでいた。同氏の家族構成は九人。

(3)十七日、路上で野菜・果物を販売していた同氏に対し、警察

ムハンマド・ブゥ・アジージ
（出典：http://www.africansuccess.org/visuFiche.php?id=963&lang=en）

官（女性）が同氏の（不許可）路上販売行為を咎め、撤去するよう要求、同氏の抗議を無視し、同氏の頬をぶつ等の実力行使を行った。この行為に激昂した同氏は、その直後抗議のためシディ・ブゥ・ジッド県庁に赴いたが、（十七日は金曜日のため）県庁は閉じており、目的を果たすことができなかった。そのため、同氏は県庁前において抗議の焼身自殺を試みた（同氏は一命を取り留め、病院で療養中、十二月二十八日にベン・アリ大統領も同氏の見舞いに訪れたが一月五日に死亡した）。

(4)この事件を契機に十七日以降シディ・ブゥ・ジッド県内において大規模な抗議デモが、チュニジア労働組合や同県市民の手によって行われた。同デモにおける主要なスローガン・要求は、①雇用対策、②生活環境の改善、③貧困対策、④同県の経済状況の改善等であり、経済面・生活面における要求が

主であり、政治面、人権面における要求は目立ったものではなかった。

(5)シディ・ブゥ・ジッド県は、チュニジア南部に位置し（チュニスから南二八〇km）、人口四〇万人、面積七四〇〇km²（チュニジア国土の四・六%）であり、貧困層は一二%（チュニスでは四%）を占め、失業率は三二%でチュニジア国内では最も高い。

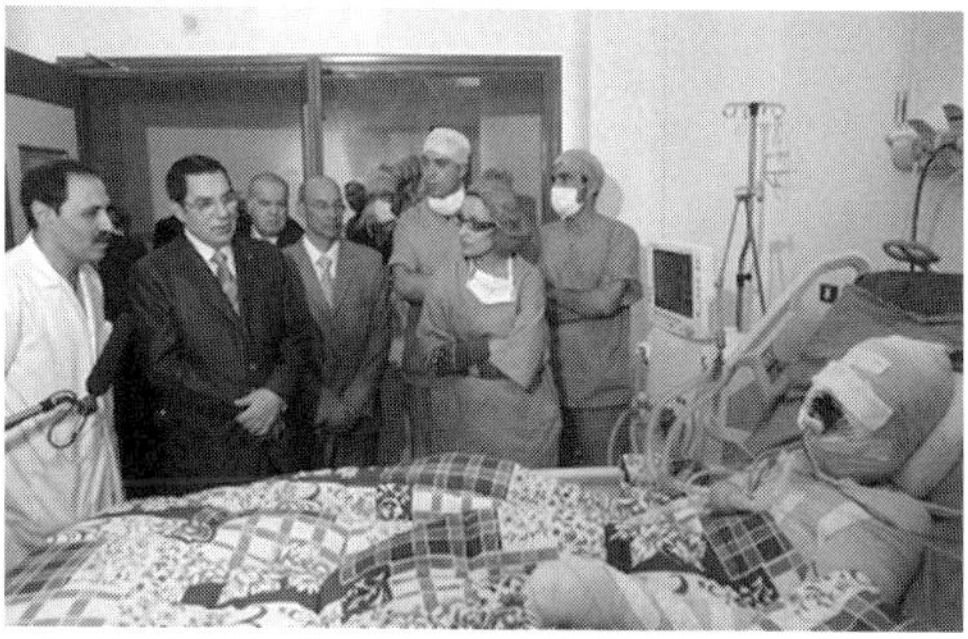

ブゥ・アジージを見舞うベン・アリ大統領
（出典：http://www.leaders.com.tn/article/3531-ben-ali-au-chevet-de-mohamed-bouazizi-au-centre-de-traumatologie-et-des-grands-brules）

2．抗議デモの広がり

(1)二〇一〇年十二月二十四日に、シディ・ブゥ・ジッド県内のチュニジア人男性が抗議の自殺をした（注：当地紙によれば、抗議の自殺ではなく、男性が電柱に登った際に感電死したと報じられている）。

(2)抗議デモに対し当局による厳重な取り締まりがなされたが、住民側との対立が激化し、十二月二十二日には、シディ・ブゥ・ジッド県・国家警備隊支部が数百名のデモ隊に襲撃され、警備隊所有の車両が三台破壊され、警備隊二名が重傷の他、衝突の余波で県内を通る鉄道車両も破壊された（同県マンジル・ブジヤーン市）。市民側にも警備隊の発砲により一人死亡、複数の重軽傷者が発生した。また、同県ルゲブ市では、約二〇〇〇人のデモ隊が警察と六時間にわたり衝突し、銀行

チュニス市での弁護士によるデモ風景　1
（出典：http://stade7-tunisie.over-blog.com/article-les-avocats-a-tunis-manifestent-devant-le-palais-de-justice-28-12-2010-63874597.html）

チュニス市でのデモ風景　2
（出典：http://www.interet-general.info/spip.php?article15050l）

や裁判所、政権与党（RCD）党員の経営するカフェに放火を行った。

(3)抗議デモは、十二月二十四日以降、シディ・ブゥ・ジッド市周辺や近隣諸県（ケロアン県：上記地図8番、スース県、上記地図20番、カスリーヌ県：上記地図9番、メドニン県：上記地図14番、ガベス県：上記地図5番、ガフサ県：134頁地図6番）にも広がりを見せ、二十五日には首都チュニス（134頁地図23番）においてデモが発生した。

(4)また、十二月二十七日午後、チュニスに於いて数百名の労働組合員や市民団体関係者が、シディ・ブゥ・ジッドで自殺（未遂）した若者への連帯を掲げて中央労組本部前の広場に集結した。参加者は地方における不公平の解消や若者の雇用創出などを叫んで行進を始めたが、混乱を避けるため治安部隊は広場へのアクセスを阻止した。労働組合委員長は、今回のデモは労働組合とは関係ないと述べている。

(5)当局は抗議デモに対し、デモ行為を許さないという姿勢で一貫しており、その結果、デモ群衆と治安部隊との間で衝突事件が発生し、市民側・治安当局側双方に負傷者・死傷者がでた。抗議デモがチュニジア各地方に広がりを見せる中、政府当局はガフサ市（ガフサ県：上記地図6番）で労働組合が主催したデモに対し禁止命令を下し、一連のデモ事件を取り扱った二野党の機関紙を発行禁止処分にした。ガフサ市での抗議デモに参加していた若者二人が焼身自殺を図っている。

3. チュニジア政府の対応（政治面）

(1)国内の抗議活動を受けてベン・アリ大統領は内閣改造を実施。通信、青年スポーツ、宗教、貿易・伝統工業省の四閣僚と、シディ・ブゥ・ジッド県、ジャンドゥーバ県（134頁地図7番）、ザグワーン県（134頁地図24番）の県知事をそれぞれ交代させた。

(2)ベン・アリ大統領も抗議デモの広がりを受け、二〇一〇年十二月二十八日、国営放送を通じてチュニジア国民に対し、以下の呼びかけを行った。①今回のデモを一部政治目的として利用する勢力が存在する。（注1）②一部過激勢力は、国の法律を犯し、国家の安定と平和を乱す暴力的な活動に従事している。③如何なる立場であろうと、法律を遵守する者を我々（政府）は尊重する。

(3)今回の抗議デモにおいて収監されているデモ参加者は順次解放されているものの、労働組合は、収監者全員の解放を求めている。

（注1）　仏ル・モンド紙（十二月三十一日付）：デモのスローガンには、RCD党・国民の敵トラベルシ一族（レイラ・ベン・アリ大統領夫人の一族）打倒を掲げるものも存在した。

4．チュニジア政府の対応（経済面）

(1)十二月二十三日、シディ・ブゥ・ジッド県における一連の抗議デモを受け、同県三地区に対する一五〇〇万ディナール（約九億円）規模の公共プロジェクトの実施を決定。

(2)同日、ジュイニー開発・国際協力大臣主催の下、シディ・ブゥ・ジッド県の臨時県会議が開催され、同県における産業・テクノロジーパークの建設や道路整備、投資基金設立などの新しい大統領プロジェクトが決定。

(3)チュニジア銀行等が、同県の若者三〇六人から申請が出ていた、事業資金の貸し付けを承認。

(4)ドイツ Leoni 社（自動車関連会社）が、二〇一一年内に同県に於いて自動車部品工場の設立を表明。雇用規模は一〇〇〇名程度。

5．本件に関する報道姿勢

(1)海外メディアでは、アル・ジャジーラやユーロニュース等で十二月十七日のデモ発生以降継続的に報じられている。

(2)チュニジア国内メディアでは、当初本件に関しては報じられていなかったが、海外メディアによる報道や、アル・ジャジーラによる映像を伴う報道を受け、二〇一〇年十二月二十五日以降各紙に於いて本件特集が報じられている。

(3)論調としては、海外メディアが、治安当局と市民間の衝突や被害状況の報道が主であることに対し、チュニジアメディアの報道内容は、デモの発生原因に焦点を当てたものとなっている。

6．今後の動き

シディ・ブゥ・ジッド県の労働組合は、二〇一一年一月十日にゼネラル・ストライキの実施を表明している。

Ⅱ．本件についての現状分析と今後の見通し

1．本件の見通し

(1)二〇一一年一月四日の時点で、シディ・ブゥ・ジッド県において、依然抗議デモが継続し、治安当局との衝突が報告されているが、全体として抗議デモは小康状態に向かいつつある。
(2)一連の抗議デモを受け、チュニジア政府は、大統領を始め、閣僚、政権与党幹事長を始め、政権幹部がシディ・ブゥ・ジッド県を訪れシディ・ブゥ・ジッド県内緊急県会議を開催する等、素早い対応を行っている。
(3)ベン・アリ大統領も、一連の抗議デモの発端となったブゥ・アジージ氏の母親や、衝突事件で死亡した青年の両親を招き対話を行う等、市民への対話姿勢を前面に打ち出している。
(4)抗議デモに関連し、チュニジア政府は四閣僚や、シディ・ブゥ・ジッド県知事を含む三県知事を交代させる等、今回の件に対する政治的な責任をとる姿勢を見せている。
(5)また、政府は公共工事を含む経済支援政策を早々に打ち出す等、抗議デモの要求を一部受け入れる形で政府が対応策を表明したため、住民側にとっては、抗議デモを行う根拠が薄れつつある。

（右から）マンジル市の衝突で死亡した青年の父親、アジージの母親、電線に登り死亡した青年の母親と面会するベン・アリ大統領
（出典：http://www.aljazeera.com/indepth/inpictures/2015/12/tunisian-revolution-151215102459580.html）

(6)チュニジアにおいて、実施されるデモの大半は官製デモであり、届け出を行わないデモはすべて違法であり逮捕の対象となる。シディ・ブゥ・ジッド県の事件発生直後の場合、多数の市民の参加（一〇〇〇人規模）も重なり、当局との間に死傷者も出す大規模な衝突となっているが、チュニスやスース等の都市部における、労働組合主体の抗議デモは、治安当局に速やかに鎮圧されており、一部衝突を報じる海外メディアもあるものの、死者が出るほどの大規模衝突には至っていない。

(7)シディ・ブゥ・ジッド県労働組合が一月十日にゼネストの実施を表明しているものの、抗議デモ自体が収束に向かいつつあり、政府も労働組合主体の抗議デモには厳しく対処していることから、仮に十日のゼネラル・ストライキが実施されたとしても、昨年十二月の抗議デモのような大規模な衝突には至らないと見込まれる。

2．本件発生の背景

(1)チュニジア政府は、ベン・アリ大統領が一九八七年に大統領に就任して以降一貫して、治安の維持、経済的な発展、市民生活の充足（教育の普及率、女性の権利・社会進出等）における実績を、ベン・アリ治世の正当性の根拠としてきた。

(2)世界的な経済指標においても、チュニジアはアフリカ諸国、アラブ諸国の中において高い地位を占めており、チュニジア政府もこのことを内外に向け大々的に宣伝している。
(3)他方、チュニジアは失業率、特に高等教育課程修了者や若者の失業率が高く、雇用対策を国家の重要施策として取り組んでいる。特に内陸部、国境周辺地域については、チュニス市近郊をはじめ、スファックス市（スファックス県：上記地図：17番）等沿岸地域と比較した場合、経済的にもインフラ設備の面でも遅れていることから、地域間格差の解消を雇用対策と並ぶ重要な施策として掲げている。この両者への取り組みについては、二〇〇九年の大統領選挙・代議院選挙をはじめ、各種機会を通じ内外に向けアピールしてきている。
(4)今回の一連のデモは、内陸部の住民が、都市部と比較して生活面・インフラ面で取り残された状態にあり、彼らの不満も鬱積しており、アジージの事件がきっかけとなって発生したといえる。今後も内陸部の住民が置かれている状況に改善がみられない場合、同種の抗議デモが発生する可能性があると言える。

3. 本件により改めて浮き彫りとなったチュニジアの課題

(1)一連の抗議デモにおいて、要求に挙げられている項目は、「雇用（の確保・提供）」、「生活環境の向上」、「経済発展」、「インフラ整備」、「公正な富の分配」等であり、これはチュニジアの内陸部、地方部が沿岸部と比較して、経済発展やインフラ整備等から取り残されていることに起因するものである。
(2)チュニジア政府も上述の通り、問題意識を有しており、格差是正の必要性を累次表明している、また、雇用対策、とりわけ高学歴の若者に対する失業対策はチュニジアの地域間格差是正と並ぶ重要政策として位置付けられている。

(3)今回の一連の抗議デモの発生によって、失業問題・地域間格差問題がチュニジアにとってのアキレス腱であることが再認識された。

(4)本件に対しチュニジア政府は、大統領をはじめとした政権幹部による市民との対話姿勢を示し、シディ・ブゥ・ジッド県に対する経済諸政策の実施等の「アメ」と、治安部隊によるデモの抑制や逮捕・拘禁等の「ムチ」を使い分け、本件の鎮静化に努めている。

(5)失業問題・地域間格差問題解決に向け、チュニジア政府も取り組みを進めているが、十分な実績を上げるには、多くの資金及び時間が必要であり、短期的な達成は困難である。特に資金に関しては、チュニジア単独で準備することは難しく、諸外国政府からの経済協力や、外国企業からの投資に依存しながら、インフラ整備や地域経済開発を行う傾向が今後も続くと見込まれる。

4．本件に関する海外からの評価及びチュニジア政府の反応

(1)十二月三十日、フランス社会党が発出した「チュニジア治安当局が抗議運動を解散させるために暴力を使ったことを非難するとともに、逮捕された総ての抗議運動参加者の釈放を求める」との声明に対し、チュニジア政権与党（RCD）は、「チュニジアは主権国であり、仏社会党の声明は内政干渉である」と反論した（同日）。

(2)また、本件に関する海外メディアの報道に関しては、二十七日、代議院が、二十八日には野党四党

(政府系)が、報道内容が偏向しており公正さを欠いているとのコミュニケを発表している。特にアル・ジャジーラは名指しで批判されており、右HPに対するチュニジア国内からのアクセスは、デモ発生以降ブロックされており、右HPは一月五日現在においても閲覧できない。
(3)他方、衛星放送に関しては通常通り視聴が可能であり、アル・ジャジーラ放送は、音声・写真・ハンディカム撮影による画像等を流していた。これらの報道の中には、チュニジアの国営テレビ放送や新聞では報じられていない、デモ隊と治安部隊の衝突の映像等が流されたものの、これらの報道によるデモの過激化・拡大化の傾向は見られなかった。

5. 本件が今後のベン・アリ体制に与える影響

(1)一連の抗議デモの掲げている要求が実生活・経済面におけるものが主であり、政府もこの問題意識を共有し、閣僚の交代・経済政策の実施等対策、対応策に迅速に着手している点を考慮すると、今回のデモが、ベン・アリ体制を揺るがす運動へと今後発展する可能性は、現時点では低いと思われる。
(2)本件により、これまでチュニジアが、ベン・アリ治世の成果として内外に喧伝していた、経済発展・海外からの投資の増大等の肯定的な情報と地方の置かれている現状のギャップが改めて浮き彫りにはなった。一方、この種の格差や政府発表との齟齬に関しては、その正確な実態はともかく、チュニジア国民が広く知るところである。
(3)今回のチュニジア政府の一連の施策が、問題の恒久的解決に繋がるとは考えにくい。今回の件と同様の大規模抗議デモは、二〇〇八年四月にガフサ県(上記地図6番)でも起こっており、今後も同種の抗議デモが発生する可能性はある。

（了）

ウィキリークスで明らかにされた米国の外交電報
——チュニジア革命（二〇一一）前夜——

はじめに

「アラブの春」の先駆けとなったチュニジア革命（ジャスミン革命とも呼ばれる）は、二〇一〇年十二月十七日に起きた失業中の二六歳のチュニジア青年の焼身自殺（未遂）事件を発端としている。この事件をきっかけにチュニジア全土に反政府運動が起こり、翌二〇一一年一月十四日には独裁者ベン・アリ大統領が国外脱出するに至り、独裁者排除というチュニジア革命の最大の目的は意外にあっけない形で実現してしてしまった。

このチュニジア革命を起こさせるに至った要因としてはいくつか主要なものをあげることできる。一般的には①チュニジア国内の地域格差、すなわち「比較的豊かな沿岸部都市部」と「経済発展が遅れ貧しい内陸部」の間の著しい経済格差をあげることができるし、それと並んで②失業問題、特に若年層の失業の率の高さ（貧しい県では三〇％を超えた）をあげることができる。

これらの問題に有効な手立てを講ずることなく、国の富を収奪して一族の私腹を肥やし続けるベン・アリ大統領の政権、その腐敗にたいする国民の不満は相当程度充満していた。少しの種火が放り投げこまれると爆発するかも知れないというレベルに近づいていたと言える。この政権の腐敗の酷さを暴露することに一役買ったのが「ウィキリークス」である。

ウィキリークスは世界中にある米国大使館が本国に送った秘密の電報の中身を暴露し世界に衝撃を与えた。このウィキリークスがチュニジア関係のものとして公開した米国外交電報のうち二本はベン・アリ大統領一族の腐敗、豪華な生活の凄まじさについて生々しく書いている電報であった。しかもそれはなんと駐チュニジア米国大使自身の筆になるものであった。

これら外交電報二本のうち一本はチュニジア革命（二〇一一年一月十四日）の二年半前の二〇〇八年六月二十三日、もう一本は一年半前の二〇〇九年七月二十七日にワシントンに発電されている。

ウィキリークスがこれら外交電報を公開し、一般の人が読めるようになったのは二〇一〇年十二月七日である。チュニジア革命の三九日前である。具体的中身を抄訳したものを以下に紹介する。

日本の週刊誌（週刊新潮や週刊文春）の記事を上回るような暴露的かつ煽情的な内容である。それまで職業外交官として四〇年近く外交電報を書いてきた筆者は外交電報がこのように暴露的、煽情的に書かれ得るということに感心した。これを読んだチュニジア人はベン・アリ一族の腐敗ぶりに憤りを感じたことであろう。外国人である筆者でさえ憤りを感じた。

一般に中東の多くの国々では、日本ではあたりまえと考えられているいわゆる報道の自由が存在しておらず、機微で興味深い情報、特に現政権批判の情報はメディアに載ることはまずない（つまり中東には週刊文春も週刊新潮もないのである）。このような情報は噂の形で、つまり口コミで伝達される。面白い情報は人から人へ伝えられるたびに増幅される傾向にあるので情報の正確さを確認することは容易ではない。

こういう中で、明らかにされた米国大使館発の外交電報の中身は多くの人々に影響を与えたに違いない。つまり中身のかなりの部分はすでに噂されていたことであるが、それを米国大使館がエンドースしたということは、これらの人々が「やっぱり本当だったのだ」と確信を持つに至ったという意味で大きなインパクトを与えたのである。(注)

(注) 米国の外交電報公開の以前からすでに知られていたこと、噂されていたことに関して付言する。筆者が駐チュニジア日本大使として首都チュニスに着任したのは二〇〇九年八月であるが、ちょうどその頃フランス人ジャーナリストであるニコラ・ボー(Nicolas Beau)が著わした「大統領府の女摂政」(La Régente de Carthage)がチュニス駐在の外国大使の間でむさぼるように読まれていた。一七八頁のフランス語の本であるが筆者も辞書を片手に夜遅くまでかかって一生懸命読んだ。大統領夫人であるレイラ・トラベルシとその兄弟達のすさまじい汚職・腐敗をあばく衝撃的な本であった。

この本はチュニジア国内で販売禁止となっていた。筆者は日本大使館のパリに出張に行く館員に依頼して入手した。パリでも在仏チュニジア大使館員がパリの書店から同書を多量に購入し、段ボール箱につめて大使館地下の物置に山積にしたと言われている。一般のチュニジア人に同書がゆきわたるのを阻止するのが目的であった。

この外交電報はいみじくもベン・アリ大統領の夫人であるレイラについてこう述べている。

「レイラ夫人とその親族(トラベルシ(Trabelsi)一族)は国民の怒りの対象となっている。教育の無さ、社会的低階層出身、派手な金遣い等、彼らの成金的振る舞いもさることながら、その強引な手法やあからさまな権力乱用も国民の嫌悪の理由となっている。」と述べている。筆者はこの文章に書かれた評価に賛同する。

筆者もレイラ夫人とは社交行事で二、三度会ったが元首の夫人としてはどこか優雅さに欠ける感じがした。また彼女が握手をしたとき相手（筆者）の目を見ることはせず、あらぬ方を見ていたのには違和感を感じた。何か理由があって特に筆者が嫌われでもしたのか気になったので、チュニス駐在の親しくしている他国の大使に聞いてみたら、「自分も同じ経験をした。彼女は相手が誰であれ、人と握手をするとき相手の目をみない。」と述べたので少しほっとしたことがある。それにしても大統領夫人なのにどうしてきちんとした振る舞いをしないのだろうかと改めて訝ったものである。

この電報は暴露的であり、読者となったチュニジア人を怒らせたと同時に、この電報から米国がベン・アリ大統領の政権を批判的に見ていることがはっきり分かり、心理的にベン・アリ政権を批判しやすくなったと思われる。というのは、それまでは、ベン・アリの背後に米国政府がいてベン・アリをしっかり支えているとのパーセプションが国民の間にあったからである。

二本目の電報にベン・アリ大統領の娘婿が出てくる。名前をマテリと言う。マテリは若い（当時三〇歳）が、ベン・アリ大統領が自分の後継者として育てていた。

このマテリが虎をペットとして飼っていて、餌として一日鶏四羽を与えていたこと、自家用のジェット機で南仏のサン・トロペに飛びそこで、フローズンヨーグルト（チュニジアでは普通売っていない）を買いチュニジアにもち返ってデザートにしていたことなどが贅沢の極みの例として革命直後、外国メディアに頻繁に引用された。

チュニジア情勢（ウィキリークスで公開された在チュニジア米国大使館発外交電報）

「ウィキリークス」で読むことが出来る在チュニジア米国大使館発外交電報のうち、ベン・アリ前大統領周辺の腐敗・汚職を示唆する二本の外交電報の概要は以下のとおりである。随所に出てくる（注）は筆者（多賀）が記した注である。

1．件名「チュニジアにおける腐敗：お前の物は俺の物（注）」

(1)外交電報作成日：二〇〇八年六月二十三日
(2)ウィキリークス上の公開日：二〇一〇年十二月七日
(3)当時の駐チュニジア米大使：ロバート・ゴデック（Robert F. Godec）
(4)内容（興味深い点を要約）

（注）英語の原文は https://wikileaks.org/plusd/cables/08TUNIS679_a.html で読むことが出来る。英語学習の教材としても面白い。

ア．「（ベン・アリ一族の腐敗は）限度なし（注）」

●「Transparency International」二〇〇七年版によれば、チュニジアの不透明性・腐敗度は近年高まっている。
●腐敗を数値化することは困難だが、人々は皆、状況は悪化していると指摘する。
●ある人物は、インフレの進行とともに賄賂の額も増加していると冗談交じりに述べた。

（注）「限度なし」の英語は"The Sky's the Limit"である。空には天井がないから、「限度なし」という意味になる。

イ．「全ては一族の下に」

●ベン・アリ一族は腐敗の中心にあると言われる。当地で「一族（the Family）」と言えば、それはベン・アリ一族を指す。チュニジア経済の約半分はベン・アリと親族関係にある者に牛耳られていると考えられる。

●レイラ夫人とその親族（トラベルシ（Trabelsi）一族）は国民の怒りの対象となっている。教育の無さ、社会的低階層出身、派手な金遣い等、彼らの成金的振る舞いもさることながら、その強引な手法やあからさまな権力乱用も国民の嫌悪の理由となっている。

●レイラ夫人の兄のベラッセン・トラベルシ（Belhassen Trabelsi）は最も悪名高く、財産没収から賄賂の強要まで、様々な悪事に関わっていると言われる。彼は航空会社からホテル、ラジオ局、自動車組立て工場、フォード車販売店、不動産開発会社等を保有する重要財界人でもある。

●その他、レイラ夫人の弟のモンセフ（Moncef）、甥のイメッド（Imed）等も重要な経済アクターである。

●多くのチュニジア人は、ベン・アリ大統領は何も知らず、トラベルシ一族に利用されているだけだと述べる。しかし、ベン・アリが深刻化する腐敗について全く知らないというのは信じ難い。

●（ベン・アリの黙認の）理由としては、ベン・アリ側とトラベルシ側とで地理的な棲み分けがあることが考えられる。ベン・アリ側は首都・海岸部を縄張りとし、トラベルシ側はそれ以外の地方を縄張りとする。また、ベン・アリ側親族や彼の子供たち、前妻との間で生まれた子供達の配偶者達も多くの汚職に関わっているとされることも理由に挙げられる。

ウ．「この土地はお前の土地、この土地は俺の土地」

●不動産開発ブームと不動産価格の高騰の中で、良いロケーションの土地は利益をもたらすか、あるいは没収される。

●二〇〇七年夏、レイラ夫人はカルタゴ・インターナショナル・スクール建設のために政府から無償で土地を譲渡され、建設費一八〇万ディナール（一五〇万ドル）も受け取った。政府はさらに学校のために道路や信号も設置した。レイラ夫人はこの学校をベルギーの投資家に高額で売却し、多大な利益を得たと言われている。

●本使（駐チュニジア米国大使。以下同じ）公邸の隣では巨大かつ豪奢な邸宅が建設中だが、多くの情報源によれば、この邸宅はベン・アリの義理の息子サクル・マテリ（Sakher Materi）のものの由である。この土地は水道局が使用するとの名目で旧地主より収用され、その後マテリに無償譲渡されたとされる。

エ．「指名手配中のヨット(注1)」

●二〇〇六年、レイラ夫人の甥であるイメッド及びモアズ・トラベルシ（Moaz Trabelsi）が、フランス人実業家である Lazard Paris 社会長ブリュノ・ロジェ（Bruno Roger）氏のヨットを盗んだと報じられた。塗装し直された同ヨットがシディ・ブ・サイド（Sidi Bou Said）(注2)港に現れ、窃盗が発覚した。ロジェ氏の影響力によって本件が仏・チュニジアの二国間問題に発展しそうになると、ヨットは速やかに返却されたとされる。二〇〇八年初めにインターポールの逮捕状が発出され、同年五月に両名はチュニジア国内で訴追されたが、その後、いかなる判決が下ったかは報じられていない。

（注1） この見出しの英語は "Yacht Wanted" である。
（注2） チュニス郊外にある観光地

オ．「お前のカネを見せろ」

●チュニジアの金融セクターでは深刻な腐敗が蔓延していると言われる。融資を得るには立派なビジネスプランよりも銀行マンとの個人的関係が物を言う。

●その結果、不良債権はセクター全体で一九％に達する。その多くは富裕な財界人に対する債権だが、彼らは政権との緊密な関係によって返済を免れていると言われる。

●こうした不健全な金融セクターは、権力者によって食い物にされている。最近では、チュニジア銀行（Banque de Tunisie）の取締役会の役員が入れ替えられ、外相夫人が会長になり、ベラッセン・トラベルシも役員に就任した。

●仏銀行関係者によれば、ベン・アリのもう一人の義理の息子マルアン・マブルーク（Marouane Mabrouk）は、旧 Banque du Sud（現在の Attijari Bank）の民営化直後、同銀行の一七％株式を取得し、それに多額のプレミアをつけて外国銀行に売却した由である。

●ある元銀行マンは、彼が銀行に勤めていた際、ベラッセン・トラベルシにカネを要求されてパニックに陥った顧客からの電話をよく受けた由である。

カ.「おこぼれ効果」

●権力中枢のみならず、より下のレベルでも腐敗ははびこっている。制限速度違反もみ消しや旅券の前倒し発給、税関の迂回等は賄賂により可能である。レイラ夫人が応援する慈善団体やサッカーチームへの寄付なども、物事を円滑に進めるために必要とされる。

●奨学金の取得や就職にあたってはコネが重要な役割を果たすとされる。高等教育省の然るべき者と関係があれば、子弟を良い学校に入れたり外国留学の奨学金を得られたりする。役人にカネを積むことでも同様の結果が得られる。また、役人になるためにもコネがものを言う。

●レイラ夫人の母ハジャ・ナナ（Hajja Nana）（故人）は、裏口入学と就職斡旋のブローカーをしていたとされる。ガフサ（Gafsa）の炭坑地区での暴動の理由の一つは、ガフサ・リン酸会社での採用がコネと賄賂に左右されていたことがあった。

キ.「大衆のルール?」

●チュニジア国民にとって最も我慢ならないのは、権力者には法が及ばないことである。「チュニジアはもはや警察国家どころではなく、マフィア国家になった」と嘆く者もいる。権力中枢に最も悪質な違法者がおり、彼らが権力に留まる見込みである以上、チェック機能は働かない。

●ある元知事の娘が語るには、知事(注)がベラッセン・トラベルシにその所有する遊園地の保険料を払うよう求めたところ、ベラッセンは知事の執務室に怒鳴り込んできた。その後、知事はベン・アリに手紙を書いたが、返事はなく、ほどなく知事は解任された由である。

●一族の悪事は最大のタブーであり、政府はプレスを厳しく検閲し、それを報じたジャーナリストは逮捕・投獄のリスクを覚悟する必要がある。

(注) チュニジアでは知事は選挙によってではなく、大統領によって任命される。

ク.「部屋の中の象(注)」

●経済専門家は、腐敗が実際に増えているか否かよりも、増えているというイメージが存在することが問題だとする。このイメージは経済に暗い影を落としている。

●複数の情報筋は、一族が分け前を求めて介入してくる恐れがあるため、投資できないと述べる。そのため、本来違法である外国銀行口座の保有が当たり前になっているとされる。また、不動産投資の増加は、経済に対する信頼の欠如を示すものだとされる。

●これまで、外国投資は順調に流入してきており、外国企業が恐喝など困難に直面したという話はあまり聞かない。外国企業は外国政府や大使館に守られているからかもしれない。しかし、幾つか例もある。マクドナルドは、チュニジア政府が選んだ業者をフランチャイズに指定しなかったため、必要な認可を得られず、進出計画は水泡に帰した。

(注) 原文の英語は "The Elephant in the Room" である。Oxford 英英辞典はこの語句を A major problem or controversial issue which is obviously present but is avoided as a subject for discussion. と説明している。つまり「皆その問題を認識しているが、あえて触れようとしないタブーや政治的問題など物議を醸す問題」を指す英語表現のようである。この表現はこの外交電報の中でチュニジアの政治・社会を効果的に表わすキーフレーズとして巧みに使われている。

ケ．「当館（在チュニジア米国大使館）コメント」

●やりたい放題のベン・アリ一族は、チュニジア国民の怨嗟の対象となっている。一族の腐敗の噂は、インフレ進行と高失業率にあえぐ国民の怒りに油を注いでいる。ガフサ暴動（当館注：二〇〇八年チュニジア南部の町ガフサで失業、貧困が原因で起きた暴動）は国民の隠れた不満の表出といえる。現政権は、経済成長をもたらす能力をその正統性の根拠としているが、権力者が利益を独り占めしていると感じる国民は徐々に増えている。

●腐敗は政治問題であり、経済問題でもある。不透明で無責任な政治システムが経済にも悪影響を及ぼし、投資環境を悪化させ、腐敗の文化を蔓延させている。腐敗は部屋の中の象（the elephant in the room）である。誰もがこの問題を知っているが、誰も大っぴらに認めることができない。

2．件名「チュニジア：サクル・エル・マテリとの夕食(注)」

(1)作成日：二〇〇九年七月二十七日

(2)ウィキリークス上の公開日：二〇一〇年十二月七日

(3)当時の駐チュニジア米大使：ロバート・ゴデック（Robert F. Godec）

(4)内容（興味深い点を要約）

（注）　英語の原文は https://wikileaks.org/plusd/cables/09TUNIS516_a.html で読むことができる。

ア．「チュニス・アメリカ協同学校（ＡＣＳＴ）の状況」

●大統領の義理の息子で富裕なビジネスマンのモハメド・サクル・エル・マテリ（Mohamed Sakher El Materi）及びネスリン（Nesrine Ben Ali El Materi）夫人は七月十七日本使（駐チュニジア米大使。以下同じ）夫妻をハマメット（Hammamet）ビーチにある邸宅での夕食に招待した（当館注：ハマメットはチュニスの南方、車で一時間の所にあるリゾート地）。

●マテリはＡＣＳＴの状況について質問し、本使より、本件については米政府及び当地米コミュニティの中に怒りと懸念が存在する旨述べた。マテリは、もしＡＣＳＴが閉鎖されれば米チュニジア関係に深刻な影響を及ぼす、自分（マテリ）は本使の離任前までに本件を解決するため助力する、「友人」のために是非そうしたいと述べた。

●マテリは、アンドリュー英国王子が当国を訪問した際、首相との昼食会を含め、幾つかのアポイントがとれるように英大使を支援した、自分が介入する前には、王子は一人の閣僚とのアポしかとれていなかったと述べた。

イ．「表現の自由」

●本使より、当国において表現と結社の自由を拡張すべきと述べた。マテリはこれに同意し、当国最大の民間新聞社 Dar Assaba の新オーナーとして、掲載記事について頻繁に情報大臣から電話を受けていると不平を述べた（コメント：これは疑わしい）。彼は笑いつつ、時々「Dar Assaba を手放したくなる」と述べた。マテリは、彼の新聞はジャアファル（Mustapha Ben Jaafar）ＦＤＴＬ党首など野党党首のインタビューも行っていると誇らしげに述べた。

●マテリは、人助けは大切だと述べ、それは養子を引き取った理由の一つだと述べた。本使より、当館の人道支援プロジェクトを紹介しつつ、それがメディアにカバーされないと指摘した。マテリは、それは絶対カバーされるべきであり、それは米国の否定的なイメージを打ち消す効果を持つと述べた。本使より、マテリの新聞社の記者を派遣するよう依頼すると、マテリは必ず派遣すると述べた。

●マテリは、当国の行政機構について長々と不平を述べ、行政内部の連絡が非常に悪く、大統領に「誤った情報」が届けられるとして、時々マテリ自身が介入して誤りを正す必要があることを仄めかした。

ウ．「対外政策及び経済について」

●マテリはオバマ大統領の新政策を賞賛しつつ、米国のイラク侵攻は深刻な過ちであり、それはイランを増強させ、アラブ世界に対米憎悪の感情をもたらしたと述べた。マテリは中東和平やディナールの兌換性についても述べたが、彼の国際政治経済問題に対する知識と関心は限られていると見られた。

●本使は経済の自由化問題を取り上げた。マテリはマクドナルドの当国進出のために喜んで支援する、まずはラ・グレット（La Goulette）の港に店を出すのはどうかと述べた。その一方、マテリはマクドナルドの食品は不健康であり、そのせいで米国人は太っていると述べた。マテリはフランチャイズ法の成立を遅らせている政府にも不平を述べた。

エ.「イスラム」

●マテリは、一七歳の時に真剣にイスラム教を信仰するようになったと述べ、現在も信仰を実践していると繰り返し述べた（コメント：コーランや神への信仰、預言者モハメド等について説明しているとき、マテリは最も情熱的に見えた）。

●マテリは、当国で初めて且つ唯一のコーラン・ラジオであるザイトゥーナ（Zeitouna）ラジオを誇りに思っている、マラキット（Malakite）イスラム学校を広めるため、ザイトゥーナ・ラジオの地方支局を作りたいと述べた。マテリは、イスラム主義者や過激派は重大な脅威であり、自分が信仰するのはあくまで近代イスラムだと述べた。

オ.「生のマテリ：自宅／日常生活」

●マテリの邸宅は広大で、ハマメット・ビーチのすぐ上にある。敷地は広く、政府が厳重に警備している。建物は最近改装され、巨大なプールと五〇メートルはあるテラスがある。近代的な邸宅だが、ローマ式の石柱やフレスコ、獅子頭像など古代の芸術作品も多数あった（マテリはこれらは本物だと述べた）。マテリは、シティ・ブ・サイドの新宅に今後八〜一〇ヶ月のうちに引っ越したいと述べた。

●夕食には、魚、ステーキ、七面鳥、タコ、魚のクスクスを含め、十二皿ほどの大量の料理が並んだ。夕食前には、通常手に入らないキウイ・ジュースも供された。夕食後は、マテリが仏のサン・トロペから持ち帰ったアイスクリームとフローズンヨーグルトを含む複数のデザートが出てきた（注：マテリ夫妻はサン・トロペでの二週間のバカンスからプライベート・ジェットで帰ってきたばかりだった）。

●マテリは、「パシャ」という名の大きな虎を敷地内の檻に飼っていた。その虎は一日に四羽の鶏を食べる由である（コメント：この情景を見て、本使はバグダッドにあったウダイ・フセインのライオの檻を思い出した）。

●マテリには多数の使用人がいた。バングラデシュ人の執事と南ア人の乳母を含め、少なくとも十二名はいた（注：このようなことは当国では極めて珍しく、かつ非常に高価である）。

●マテリ夫妻には二人の娘と一人の息子がおり、息子は養子である。一番下の一〇ヶ月の娘はカナダ生まれであり、(注) 加国籍を有する。マテリ一家のお気に入りのバカンス先はモルジブ諸島である。

●マテリ夫妻は共に英語を話すが、ボキャブラリーと文法知識は限られている。彼らは英語能力を高めたいと強く希望していた。

（注）娘の母親（つまりマテリの夫人であり、ベン・アリ大統領の娘）は産気づく直前に自分の母親（レイラ夫人）に付き添われてチュニスを立ってモントリオールの産院に入院し、出産した。生まれてくる子供に加国籍を取得させるためであった。

カ．「当館コメント」

●マテリは我が儘で虚栄心が強く、気難しい人物に見えた。彼は自分の富と権力を明らかに意識しており、彼の行動には繊細さが欠けていた。彼は頻繁に使用人に命令し、叱り、怒鳴り散らした。同時に、彼は時折優しさを見せ、特に障害をもつ本使妻に対してはきめ細かな気遣いを見せた。

●当国駐在の西側国大使の一人が言うには、マテリは一般人との接し方において西洋の政治家的なスキルを有している。それは、当地では稀な資質である。
●マテリは、ここ数ヶ月、当地の外交コミュニティにおいてかつてなく目立っている。彼が、政権と主要な大使との間のコンタクト・ポイントとなることを決断した（ないし指示された）のは明らかである。
●二三歳のネスリン夫人はフレンドリーだが、ナイーブで無知である。それは彼女が送ってきた、閉鎖された、特権的かつ富裕な人生を反映している。
●夕食の内容は、湾岸諸国でお目にかかる機会がありそうな豪華な代物であり、当国では普通考えられないものだった。
●最もショッキングだったのは、マテリ夫妻の贅を尽くした生活だった。その邸宅は印象的だったし、虎は「やり過ぎ」の範囲を超えていた。さらに贅沢なのはシディ・ブ・サイドに建設中の新居である。その外観は宮殿に近い。それはシディ・ブ・サイドの眺望を遮り、隠れた批判の対象となっている。
●マテリ夫妻の贅沢ぶりや行動を見れば、彼らや他のベン・アリ一族がなぜ国民から嫌われ、憎まれているかが分かる。ベン・アリ一族のやりたい放題は悪化しつつある。

以上

英国ケンブリッジ大学における学問と生活

――ある日本人留学生の回顧録――

はじめに

私は一九七五年の夏から一九七七年の夏まで英国のケンブリッジ大学に留学した。その一年前に日本の大学を卒業し、勤めた外務省から研修生として派遣されたのである。年齢は二四歳であった。二四歳という感受性の強い時期にケンブリッジというヨーロッパの学問の中心地において体験したことは、四半世紀経った今でも折に触れて思い出す。(注1) 楽しいことより苦しいことの方が多かった。一日中、それこそ五、六時間の睡眠時間を除いたすべての時間を勉強に振り向けた。二四という若い年齢であったからこそ何とか可能であったがそれでも、こういう生活を二年間続けるのは大変なことであった。体力の限界ぎりぎりでひたすら走り続けたというのが実感である。ところがこれほど勉強しても成績はいつも下位であった。おのれの知力の限界を思い知らされ悲しかった。成績不良で大学から追い出される夢を何度か見た。

そういうつらい生活の中で、それとなく助言をしてくれたり、救いの手を差し伸べてくれる英国人達がいた。

最初の年の夏私が下宿した家の女主人、ミセス・ベヴァンはいつも威張った感じの大柄の女性であったが、何くれとなく私を気遣ってくれた。時折叱られたが、後で思い返すといつも私のことを慮ってくれた結果であった。

在英日本大使館勤務のため再び英国に暮らすようになった(注2)私は、この女主人と二十年振りの再会を果たすことが出来た。この老婦人に会えたことは本当に良かった。私の青春時代、毎日、よく理解できないヨーロッパの学問と文化と対峙してそして孤独に怯えながら時を過ごすという、そんな時代、今振り返ると幾ばくかの甘酸っぱさを伴わない訳ではないが、そんな時代が本当にあったのだということを確実に証明してくれたからだ。この老婦人に会えたことが自分の再発見を可能にしてくれたし、いささかの心の安らぎをもたらしてくれた。

人は外国に住むという経験をし、その結果その国を好きと言ったり、嫌いと言ったりする。しかしながらある国を好きになるか否かは、結局のところ、その国で好きになれる人間に会えたかどうかということで決まるのだと思う。私は英国という国が好きなのだろうか。私の心は複雑で、即答できない。敢えて答えれば、好きでもあるし、嫌いでもある、ということになる。でも私が英国を好きと思う瞬間があるとすれば、その背後のどこかに必ずミセス・ベヴァンの影がある。

ケンブリッジ大学の私の指導教官であったホール教授も忘れ難き人である。再会したかったが、会いそびれ、その後、同教授はなんと自ら命を絶ってしまい、再会は永久に不可能となった。

これらの人達は私が怯える心で過ごした異国での灰色の青春時代をほんの少しではあるが彩りのあるものにしてくれた、今でも思い出す度私の心を暖かくしてくれる人達である。

（注1） 本論文の原稿は二〇〇一年に書かれた。今回（二〇一六年）発表するにあたって行なった加筆修正は最小限にとどめた。
（注2） 一九九六年から一九九八年まで参事官そして公使として大使館に勤務した。

目次

A　ミセス・ベヴァンを探して

1. ケンブリッジ再訪

一九九七年のことである。ロンドンに住んで二ケ月が経ったある土曜日のお昼前のことである。突然「今日ケンブリッジに行ってみよう」と思った。ケンブリッジに行こうという考えは実はロンドンに着いて以来頭の片隅にずっと宿っていたのだが、住居を探さなければならない、イギリスにつれてきた一三歳の次女の学校も探さなければならないといった具合に生活の基盤固めに忙しく、その考えを実行に移す気持ちの余裕は無かった。この次女は知的障害児であるので、それにふさわしい学校を見つけるのは一苦労だった。ところがその日は、やっとそれらが整い、一段落したところであった。更にその日は数日ぶりに太陽が出て美しい青空が見える素晴らしい日であった。こんな日は英国の冬にはめったに無い。そう言うわけでちょっと遠出する元気が湧いてきた。家内は一五歳の長女の高校入試の世話をするために日本に帰っていた。折角の休みの日なので次女を外に連れてやらねばならないという考慮もあった。ケンブリッジとは私が二十年前に二年間留学した懐かしの町である。

懐かしの町と言えば聞こえはよいが、実は一般にはケンブリッジという町が中世の美しい大学町を彷彿させるのに対して、私にとっては暗くてつらい日々をも思い出させる町の名前でもある。二十年という長い時間の経過のお陰で、かろうじてそこで僅かにあった楽しい思い出が、全体の記憶の中で暗いマイナスの思い出を凌駕するようになり、過去を正視する形で振り返る事が出来るようになったが、それでも微かな胸の疼きをいまだに感ぜずにはいられない。

娘と一緒にケンブリッジに行くことにしたものの、経済的に余裕が無く車を持っていないので電車で行くしかない。ロンドン市内のどの駅から電車が出るのか、二十年まえには常識中の常識だったのに今いくら考えても思い出せない。確か二つ駅があったはずだ。リバプール・ストリート駅がその一つだが、それに加えてもう一つあったはずだ。電話の番号案内の一〇〇番にかけるとブリティッシュ・レイル（英国鉄道）の番号を教えてくれる。そこにかけてみると、もう一つの駅はキングズ・クロス駅であるという。リバプール・ストリート駅からは毎時三八分（例えば一二時三八分）に出発、ケンブリッジまでの所要時間一時間二〇分、キングズ・クロス駅からだと毎時一五分と四五分（例えば一二時一五分と一二時四五分）に出発、所要時間五〇分とのことである。私が住んでいるナイツブリッジのアパートからはキングズ・クロス駅のほうが近いし、ケンブリッジへの所要時間もこちらの方がリバプール・ストリート駅から行くより随分短い。そこでキングズ・クロス駅から電車に乗ることにした。ついでに電車の料金を聞いたら、ケンブリッジまで大人一人片道で一二ポンド七〇ペンス、往復だと一二ポンド八〇ペンスだと言う。（一ポンドは約二〇〇円なので一二ポンド八〇ペンスとは約二五〇〇円である。）客にとって随分有り難い割引だが、どうしてこんなに安くしてくれるのだろうか今一つよく分からない。英国の切符は鉄道であれ、地下鉄であれ、よく料金システムを勉強すると随分安く買えることが多い。私の場合、勉強するのが億劫で、窓口で駅員にこちらの希望、すなわち大人が何人、子供が何人（何と英国では一六歳以下は子供扱いになる）、目的地はどこか、その日のうちに往復するか否かなどを詳しく述べて一番経済的な切符の買い方を教えて欲しいと頼む。そうすると毎回いずれのケースも駅員は親切に一番安い方法を教えてくれる。しかし往復で買う料金が片道の料金と殆どかわらないことつまり帰りがわずか一〇ペンス、言ってみればほぼタダになるということには驚いてしまう。その背後には何か英国の文化とか生活の根本にかかわるもので日本と比べると基本的な哲学の違いと言うようなものがありそうだ。いずれにしても安くしてくれると言う話に文句をつける理由はない。

家を出て地下鉄に乗りキングズ・クロス駅に着いた。八本のホームを覆う半円柱形のガラス張りの屋根には一九世紀の面影が色濃く残っており、なかなか趣がある。ほぼ同じような駅の構内を描いた印象派モネの絵を思い出す。ただあれは、パリのサンラザール駅であったと思う。

ケンブリッジ行きの列車は一番プラットフォームから出発した。なだらかにうねる緑の牧草地を眺めながら電車の振動に身を委ねていると、とても心地よくなってきた。娘を見ると、もうウトウトし始めていた。五〇分が経つと予定通りケンブリッジの駅に着いた。列車から降りて駅の建物を見る。二十年前と同じだが内装が明るく、きれいになっていた。二十年前はくすんだ憂鬱な感じの駅だった。ホームから改札口（と言っても誰も改札しないのだが――というのは車内で車掌による改札が既になされているからである）を通って右手にあった喫茶店はと見ると今もちゃんとある。よしよし。しかし、モダンなキャフェテリア風の店に変わっており、ちょっと垢抜けた感じになっている。駅前にケンブリッジの市内に行くバスが止まっており、今にも発車しそうな気配なので、娘をせかせて慌ててこれに跳び乗った。運転手に八〇ペンスを払う。切符は運転手のすぐ左前にある一巻きの紙のテープを客自身が引っ張ってちぎった紙片がそれである。一〇分も経たない内に市内の中心、セント・アンドリューズ通りに着く。バスから降りてあたりを見回してみる。目に映る風景を二十年前の記憶と照合してみる。ぴったり合うところとそうでないところが入り混じる。クライスト・カレッジもエマニュエル・カレッジも建物はそのままである。そのままもそのまま、これらの建物はそもそも最初に建てられた一五〇五年および一五四八年から殆ど変わっていないのである。向かいの中央郵便局に入ってみる。二十年前この郵便局に自分のカレッジの寮から自転車でやってきて、記念切手を買ったり、日本の家族や友人に小包を送ったりしたものだ。当時は窓口のカウンターの数も多く、広々としていて落ち着いた雰囲気だった。ところが今回覗いてみるとあの広々した感じがない。一瞬戸惑いを感じた。いつの間にか英国の郵便局は本来の郵便業務に加えてカード、ノート、便箋、封筒、糊などを売る文房具屋を兼ねるようになっていた。このことは最近ロンドンの自分のフラットの近くの郵便局で気づいたことでもあった。このケンブリッジの中央郵便局もそのかつて広々としていたホールの殆どがこの文房具の並ぶスタンドで埋められてしまった。

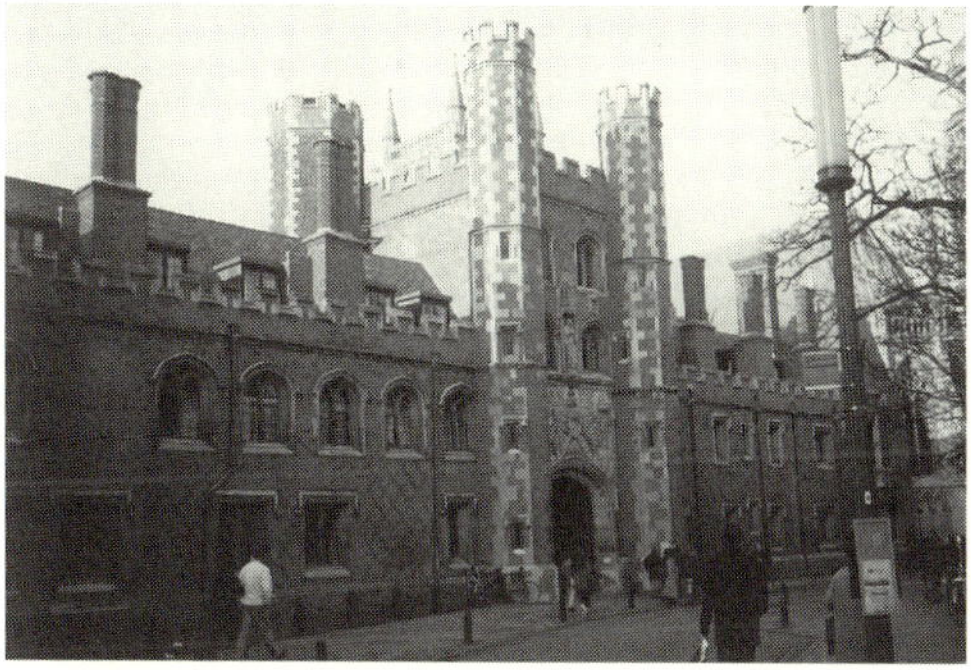

ケンブリッジのセントジョンズ・カレッジの正門

郵便局を出て「マーケット・プレイス」と呼ばれる広場で市場になっている場所に行ってみる。果物屋の屋台が所狭しと並べられている。これは二十年前と全く同じ風景だ。何だか嬉しくなる。「サツマ」という種類の小ぶりで美味しいみかんに初めて出会ったのもこのマーケットの屋台であった。この名前は幕末に英国が薩摩藩を支援し、同藩との関係が深かったことから、薩摩のみかんの苗木が英国人に贈られたのがそもそもの由来ではないかと想像を逞しくしたものだった。

私の出身カレッジであるセント・ジョンズ・カレッジを訪れた。娘に「これはパパが行った学校だよ」と言った。「大学」と言おうとしたが、娘にはこの言葉は分からないだろうと思い「学校」と言ったのだった。娘は意味が分かったのか「パパのガッコー、パパのガッコー」と嬉しそうに繰り返した。入り口の門はゲイト・タワーと呼ばれる一五一六年建築の建物である。その中にポーターズ・ロッジと呼ばれる守衛の詰所がある。ここにポーターがいるのだがちょっと覗いてみる。かつていたヘッド・ポーターのボブは元気かと聞いてみた。ボブは一八五センチ位ある偉丈夫で、話す英語はいわゆるコックニー訛で私などにはなかなか分かりにくかったが、英国人の学生から恐れられ、かつ親しみも抱かれてセント・ジョンズ・カレッジの名物ポーターであった。詰所にいたポーターの顔つきがちょっと神妙な表情になった。そして言った。

「ボブは七年前に心臓麻痺で亡くなりました。カレッジのヘッドポーターをリタイアして一八ケ月たった頃で、まだ六二歳でした。家で奥さんがお茶をいれて主人のボブのところへ持って行ったらうつぶせに倒れて死んでいたのです。」大きな身体、大きな声で学生達に声をかけていた姿が思い出され、その人物がもはやこの世にいないとなると少し寂しくなる。年月の流れは確実に物事を変えていく。

2. ミセス・ベヴァン

マーケットプレイスに戻ってタクシーに乗った。ミセス・ベヴァンの家に行くためである。今回のケンブリッジ訪問も実はその目的の大半はこのミセス・ベヴァンの家を見に行くことにある。このミセス・ベヴァンの家というのは私がケンブリッジに着いた一九七五年の夏の二ヶ月間を過ごした思い出深い家である。タクシーで四、五分走ると急に街の喧噪から離れ、木々が立ち並び、芝生のグラウンドが続く静かな地域に入った。暫くするとチャーチル・カレッジという一九六〇年代に出来た新しいカレッジの建物が見えてきた。このカレッジの学長は最近まで駐日大使を務めたサー・ジョン・ボイド氏であることを思い出した。

そこで右に曲がってストーリーズ・ウェイという道に入り、この道を二〇〇メートル程北上した左側にある、古くてちょっと館のような感じの家が、ミセス・ベヴァンの家である。三階建てのその家は二十年前そのままの姿で建っていた。

実はこの家には五年前に来たことがあった。その時アフリカ出張を終えて日本に帰る途中ロンドンで一泊したのだが、ロンドンの滞在時間を切りつめ、ほんの二、三時間であるがケンブリッジを尋ねた。その時ケンブリッジ駅に着くや否やタクシーを雇ってこの家に来た。その時のことを思い出す。ミセス・ベヴァンと再会できるのでは、との期待で胸が高まっていた。この家の玄関のボタンを押してみた。どうしたことだろう、誰も出てこない。裏に回って勝手口のドアを見たら呼び鈴のボタンが四つも取り付けられており、それぞれに人の名前が書かれてあった。それで分かったのだが、この家はすぐ隣にあるチャーチル・カレッジの学生寮になり、四人の寮生が住んでいたのである。がっかりして通りの向かい側のかつて歯医をやっていた家のベルを押した。その家の奥さんが出てきてくれた。この奥さんに聞くと、「ミセス・ベヴァンは何年か前にご主人を亡くし、その後この家をチャーチル・カレッジに売り払いました。そしてケンブリッジの南方数マイルにあるグレイト・シェルフォードという村に引っ越してしまいました」と教えてくれた。

今回この家を訪れたのは、この五年前の経験で最早ミセス・ベヴァンはこの家に住んでいないことを十分承知しており、その上で、それでもこの懐かしい家をもう一度見ておきたいという気持ちに駆られてのことだった。裏庭に回ってみた。その芝生の緑の美しさにため息が出る。記念にと思い、娘を芝生の上に立たせ家をバックに写真を撮った。そしておやっと思った。二十年前も、そして五年前に来た時も庭の真ん中でその四分の一位の面積をしめる形でテニスのハード・コートがあったのだが、今回その跡形もなくなり、全部芝生になってしまっていたのである。五年前に来た時、そのテニスコートを見て、かつてここで同じ下宿人である英国人、ヨーロッパ人の学生と夜の一〇時頃までテニスを楽しんだことを思いした。

英国の夏は夜の一〇時頃まで明るく、テニスが出来ることに当時びっくりしたものだ。そしてこのテニスコートについてもう一つのことを思い出した。

二十年前のある日の午後、このテニスコートでテニスをしていたら、ミセス・ベヴァンが居間の窓から顔を出して大きな声で言った。「トシ、テレビを見においで。おまえの国の人間が写っているよ」一体何だろうと訝りながら居間に入ってミセス・ベヴァンの横でテレビの画面を見るとウインブルドンからの実況中継をやっており、東洋人の女性選手の顔がアップで写っていた。よく見ると沢松和子

ミセス・ベヴァンの家（1977年）

選手である。嬉しそうに笑っている。見るからに育ちの良さそうな日本人女性の笑顔である。アナウンサーの声を聞いているとダブルスで優勝したと言っている。成る程、だからさっきからアップで画像を撮っているのだ。そしてアップの時間も他の選手と比べて幾分長めのような気がした。沢松選手が美しいからだろう。イギリスのテレビも現金なものだ。ミセス・ベヴァンが嬉しそうな顔をして言った。

「なんとこの女の子はきれいなんだろう。」

英国にやってきて以来、人間の美醜、身長の長短ということに神経質になっていた。人間は出来ることなら美しく生まれ、背は高いほうが良いと折に触れて思うようになっていた。英国人そしてヨーロッパの人達はそのことを日本人以上に関心を持っていて、しかもそれを人の前で堂々と口にすることが多いということにも気がついた。ミセス・ベヴアンも人の美醜について堂々と口にするタイプである。このミセス・ベヴァンが、沢松選手のことを美しいと言ってほめてくれた。私は同胞の女性が美しいとほめられ、何だか嬉しくなった。

五年前にこのコートを見た時、かなり荒れているのに気づき悲しく思ったものである。恐らく表面がかなり荒れ果てていたので、その後アスファルトを取り外し、芝生を植えて一面を芝生にしてしまったのであろう。

このミセス・ベヴァンについては思い出がいっぱいある。一九七五年、私はケンブリッジ大学のセント・ジョンズ・カレッジに二年間留学することになり、その年の夏のある日ロンドン・ヒースロー空港に到着、ロンドンで一泊した後、市内のリヴァブール・ストリート駅に行き、そこから一時間余り電車に乗り、ケンブリッジに着いた。大学の新学期は十月から始まるので、それまでの間下宿に入り、ケンブリッジ市内にある外国人向けの英語学校に通うことになっていた。

私が二ヶ月余り滞在したのはケンブリッジの町の名士で主人が七〇歳位の医者であり、奥さんが六〇歳位の芸術家であった。この奥さんこそがミセス・ベヴァンであった。古めかしい英国独特の家の庭にはバラの花が静かに咲き誇り、広々とした芝生の緑は目にしみる程美しかった。

ミセス・ベヴァンは身長が恐らく一七五センチはある大柄のおばさんで画家であり彫刻家でもある文化人でケンブリッジの名士であった。私に「下宿人を置いているのは、お金に困っているからではないんだよ。税金対策で下宿人を置いているんだよ」と言っていた。このおばさんは大柄であったせいかも知れないが話し方はいつも命令口調で威張った感じのする人であったが、どういう訳か何くれとなくよく面倒を見てくれた。威張られながら親切にされたというのが実感である。英国人の親切の仕方はこういう風なのかと思ったこともある。この、おばさんはよく夕方になるとロングドレスに着替え、おめかしをして、ケンブリッジの町の真ん中にある「アーツシアター」という劇場に仲間の文化人達と一緒に演劇を見に行くことがあった。その何年か後のことになるのだが、名画「日の名残り」などで世界的に有名になった女優エマ・トンプソンがケンブリッジの学生の頃に演劇の修行を積んだのがこの劇場である。ある日、「トシ、今晩あいていたら芝居を見に行かないかい、ちょうど切符が一枚余っているから」と言って私を劇場に連れて行ってくれたことがあった。その頃同じ下宿にフランス人、デンマーク人の学生がいたが、どういう訳か私に声をかけてくれたのだ。私の英語は決して流暢ではなかったが、時折私の使う表現をミセス・ベヴァンがとりあげてほめてくれること事があった。例えば誰それが「亡くなった」と言うのを、"passed away" と言ったら、それはヴィクトリア時代の香りの残る良い表現だ、自分だったらただ単に "died" と言うだけさ、と笑いながらほめてくれたことがあった。恐らくこのおばさんから見ると、髪の毛の黒い東洋から来た人間がたどたどしく喋る英語の中に、本人はそうとは知らずに使っている訳だが時折高尚な表現が出てくるので、そのことに面白味を感じ、たどたどしさの背後には、いっぱしの知性が控えているに違いないとの美しい誤解をしてくれたのではないかと思う。

このミセス・ベヴァンの家に下宿し始めて間もなく、この家で二〇世紀最大の哲学者の一人と言われるウィトゲンシュタインが下宿し、ここで最期の息を引き取ったとことを知った。ウィトゲンシュタインはオーストリアの生まれの哲学者でその後英国に移り、ケンブリッジで研究生活を送った人である。同じケンブリッジにいたこれまた有名な哲学者バートランド・ラッセルとの間で有名な哲学論争を行っている。私が最初にこのおばさんの家に着いた時、このおばさんは、私に殆ど唐突に「おまえはウィトゲンシュタインを知っているか」と質問した。私は日本にいる時偶々何かの本で名前を見たことがあったので、「よくは知らないが、その人は有名な哲学者ではないか」と答えたところ、おばさんは、「おっ、よく知っているな」という満足げな表情を浮かべた。私はこの答えをしたためにその後このおばさんに気に入られたのかも知れない。

「おまえの国、日本でもウィトゲンシュタインのことを調べている人がいる。何年か前、「このお宅にウィトゲンシュタインが住んでいたと聞いたのでおじゃました次第です」、と言って訪れてきた日本人がいた。それに対し、「住んでいたとも、住んでいたとも。住んでいたどころではない。私の主人がウィトゲンシュタインの主治医で、何を隠そうこの家で最期の息を引き取ったのだ。お望みならその部屋を見せてあげよう」、と言ったらその日本人は首を激しく左右に振り、「自分が長年にわたって研究してきたウィトゲンシュタインが息を引き取った部屋などおそれ多くてとても見る勇気はない」、と言ってほうほうの体で逃げていったよ。」と言い、感激に胸をふるわせ辞去した日本人教授の様子がよほどおかしかったと見え、おばさんはカンラカラカラと大声で笑いながら私に話してくれたことがあった。

実は今回ケンブリッジに来る四日前にミセス・ベヴァンに手紙を書いた。「二ヶ月前からロンドンにやってきております。近くケンブリッジに行くつもりです。その時できればケンブリッジの南方数マイルのグレイト・シェルフォードまで足を伸ばしておばさんのお宅におじゃましたいと存じます。ご都合は如何でしょうか。」と言う内容の手紙である。すぐ返事が来るものと思ったが、何の反応もなかった。

この日、ミセス・ベヴァンの家（正確に言えば—であったこの家）のすぐ北隣の家の玄関に回ってみた。「フィッツウィリアムズ・カレッジの学長の家」という表示が玄関に出ていた。ベルを押すと五〇代半ばかと思われる上品な優しい感じの奥さんが現れた。どういう訳か英国のこの年代の女性にはこのような感じの良い人が多い。ミセス・ベヴァンのことを聞いてみた。

「私はかつて日本からの留学生で、隣のミセス・ベヴァンの家に下宿したことがあるんです。ミセス・ベヴァンは今どちらにおられるんでしょうか。」と聞いたら、「私たちはこの家に五年前に引っ越してきたのですが、ミセス・ベヴァンはその一年前、つまり今から六年前にグレイト・シェルフォードに引っ越していきました」と言う。

前回ケンブリッジに来てみたのは五年前だから、あの時点で僅か一年の違いでミセス・ベヴァンに会い損ねたことになる。ああ、惜しかったなあ、と思う。そしてこの奥さんは、言った。「自分達が引っ越して来た時に既にミセス・ベヴァンは隣の家を出ていった後でしたので、隣人同志として暮らすことはありませんでした。でも自分の従姉妹がミセス・ベヴァンの親戚筋に当たるのでミセス・ベヴァンに会ったことはあります」この言葉からするとミセス・ベヴァンは今でもお元気である可能性が高い。しかし私が四日前に出した手紙に何の反応もないというのは一体どういうことなのだろうか。病気か何かで返事ができないのかも知れない。あるいはそれより悪いケースとして、手紙を読んでくれていても私のことを別に懐かしくも何とも思っておらず、返事をするに及ばずと言うことかも知れない。でもまあこの後者の可能性は少ないと思う。となると、前者だろうか。病気だとすると今度は更に心配だ。あるいは亡くなられてしまったのかも知れない。生きておられるとするともう八〇歳を越えているはずである。色々な思いが頭のなかを駆けめぐる。この感じの良い学長夫人に丁寧にお礼を言って、待たせてあったタクシーに乗る。このタクシーの運転手には私が二十年前にケンブリッジの学生であったこと、今回センチメンタル・ジャーニーでケンブリッジを訪れていることなどを話してあったのでとても同情的で協力的である。後でチップをはずまねばなるまい。

3. ホール教授

私のケンブリッジ生活を思い起こす時、欠くことの出来ない人物が二人いる。一人は勿論ミセス・ベヴァンだがもう一人はJ・C・ホールという私のいたカレッジの法律（不法行為法）の先生である。勉強の出来ない私を英国人独特のshynes（恥ずかしさ）といういわば垣根の向こうから遠慮勝ちに見守りつつも必要なところで追加の宿題を出してくれるなどして、トライポスと呼ばれる学年年末試験に合格するよう励ましてくれた人だ。ところがこの人は五年前に亡くなってしまった。それも自ら命を断つ形で亡くなったのである。五年前のある春の日、日本の私宛に送られてきたセント・ジョンズ・カレッジの卒業生を対象とした一年に一回出る会報誌「イーグル」を眺めていたらこのホール先生の死亡通知が目に入りショックを受けた。

この先生は私にとって英国人の特性と言える「恥ずかしがり屋」と「優しさ」がどんなものである

かを教えてくれた人である。そしてもう一つ、「恥ずかしがり屋」であることと関係があるが、英国人独特の話し方で「アンダーステートメント」というのがある。これは物事を大袈裟に言うのを嫌い、ひたすら控えめに言うことを指す。この先生はこのアンダーステートメントとはどんなことかについても教えてくれた。

ケンブリッジに着いた年、夏の三ヶ月を英語の勉強で過ごした。そして秋になりいよいよケンブリッジ大学の授業が始まった。法律を専攻したのだが、いざ勉強してみると、とても難しいということに気がついた。スーパーヴィジョンと呼ばれる教授と生徒二、三名の対話方式の個人教授が毎週二回もしくは三回あり、そのための準備でてんやわんやとなった。毎日教科書やら何百ページという分量の英文を読まねばならない。読むスピードときたら英国人学生の半分以下だ。一週に二日くらい徹夜するのは当たり前、それでもなかなか授業についていけない。劣等生の悲哀を本当にしみじみと味わった。こんな情けない経験は初めてだった。

毎日勉強、勉強で明け暮れた。日本の大学受験の時でさえこんなに長時間かつ精神を集中して勉強したことはなかった。私にとって空前絶後の経験だ。食事する時間とトイレに行く時間と五時間程の睡眠時間を除いた全ての時間を勉強に充てた。それでも授業についていけないのである。十二月に入ったある日、朝起きて寮の部屋を出てコモンルームと呼ばれる学生達共用の部屋にあるピジョンボックスをのぞくと、ホール先生から手紙が届いていた。手紙をあけると、「ホール教授は十二月四日午後四時にオフィスでタガ・トシユキ氏に会うことを望んでいます。」とある。この手紙の字はミミズの這った様なホール教授自身の字である。ホール教授の部屋は私のいた寮から数十メートル離れただけの建物の中にあり、歩いて三分もかからないところにある。こんなに近いところにいるのにわざわざ手紙で連絡してくるなんて、英国とは成る程、書面主義の国だなあと思った。そして秘書でなくて自分自身で手紙を書きながら「ホール教授は……」なんて第三人称を使ってまるで他人事のような文体で書くなんて、これまた英国的だなあと感心した。

さて当日、指定された時間にホール教授の部屋に向かう。どうせ何を言われるか見当はついている。いじけて言うわけではないが、「勉強の出来が悪いからもっと勉強するように」と言われるのだろう。面談の目的がこのようなことであろうことがほぼ確実なので、出かけて行くのはやはり気が重い。しかもこの約束の午後四時という時間には日が沈み、外はもう暗い。

そういえば夏の間は夕食後も夜の一〇時頃まで外は明るくて、フランス人、スペイン人、ベルギー人の仲間とテニスやパンティングと呼ばれる船遊びをやって楽しんだものだが、その後段々日が短くなり、十二月になると三時半過ぎにはもう薄暗くなってしまう。外気はとても寒く、時折霧も出る。太陽が出ることはまずなく、いつもどんよりとした天気で、本当に英国の冬は気が滅入ってしまう。

この時期には学生の中に時々自殺者が出るという噂も聞いた。確かに自殺者が出ても不思議ではないという感じがする。しかし本当に自殺者が出ても所属のカレッジが自分の不名誉になるのでその事実を伏せて外部に明らかにしないと聞いた。自殺者が出てもそのことは闇から闇へと葬られるということで、何だか暗くて悲しい話である。冬でも縁側でガラス戸を締め切ってしまえばポカポカという日本が懐かしくなってくる。英国の冬ほど陰鬱なものはない。

そういう時期に教授よりこの呼び出しだ。教授の部屋に入る。教授は笑顔で迎えてくれるが、この笑顔は儀礼上気遣って作ってくれているに違いない。

「やあ、トシ。どうぞ座りなさい。シェリーを一杯飲まないかい」と聞いてくれる。どういう訳か英国の大学ではこうやって教授が学生を一人前の大人というか紳士として取り扱ってくれるし、自分の書斎に学生を招き入れる時はこういう具合にいつもシェリーを勧めてくれる。日頃英国の好ましい伝統だと思っていたが、今日はちょっと状況が違う。感心している場合ではないのだ。先生のシェリーを勧める言葉を聞きながら、先生も色々気を遣ってくれているんだなあと思った。あることを言いたいのだが、先生は少しばかり切り出しにくいのかも知れない。グラスにシェリーを注いで手渡してくれる。教授はおもむろに、「トシ、それで調子はどうかね」と聞いてくる。

私は内心「先生、私が元気で過ごしてはいるけれど勉強の方はからっきし駄目で苦労していることは先刻承知の癖に」と思いつつ、ぎこちなく「元気でやっています。どうも有り難うございます」と答える。

教授は「それは良かった」と言って、「ところで、君の勉学の方についてだが、」と口火を切った。「あっ、とうとう来たか。先生、その先の言葉、言わなくとも分かります」と心の中で思いながら果たして教授は何と言うのか全神経を耳に集中させて次の言葉を待った。

教授は言った。「私は、君のどちらかと言えば遅い進歩に、ほんの少しばかりがっかりしている。」

“I am slightly disappointed at your rather slow progress.”

やはり私の勘は的中した。やはり先生は私の勉強の余りの不出来に心配になって私を呼び出したのであった。

教授はこれに続けて「これから来る冬休みの間にもう少し勉強して、もしエッセイ（課題についての小論文）を二つ、三つ書く気があるのなら、自分としては喜んで採点してあげよう」と言ってくれた。

私は教授の心遣いに恐縮し、ヨーロッパ大陸に遊びに出かけるのを数日延期してカレッジに留まって勉強し、エッセイを二つ程書いて先生に見てもらった。

しかしそれにしても、である。教授は私の勉強の不出来に大変落胆していたのは明白だし、私の勉強の面での進歩は「どちらかといえば遅い」のではなく、殆ど絶望的に遅かったのであるが、そのことを私に告げる英語表現としては、"I am slightly disappointed at your rather slow progress." という大変控えめな言い方であった。これが聞きしにまさるブリティッシュ・アンダーステートメントかと大いに感じ入った。後日談になるが、この先生が気にかけてくれたお陰で私はギリギリではあるが、学年末試験に合格することが出来た。最低グレードの成績であったが、不合格でないことは何よりも有り難かった。合格と不合格の間には天と地の差がある。

五年前もケンブリッジに来たことについて先に述べたが、あの時ミセス・ベヴァンの家を訪れた後、カレッジのホール先生の研究室にも立ち寄ってみた。先生の名前の表札の下にIN（在室）、OUT（外出中）の表示があるのだがOUTの方になっていた。それではもう少し後に来ようと思って、町に出て店を何軒か見て時間をつぶした。再び先生の研究室に戻ってみた。表示は相変わらずOUTであった。ロンドンに帰る電車の出発時間が近づいて来た。しかし次に英国にやってきて、しかもケンブリッジにまで足を伸ばせる機会など二度とないかも知れない。そう考えて、一本後の電車にすることにし、一時間待つことにした。庭に出た。水仙の黄色い花が、緑の芝生を背景に風にそよぐ様を見ながら散歩した。時間がゆっくり流れていくのが実感できる静かな夕暮れ時であった。先生のオフィスに戻ってみた。やはりまだＯＵＴであった。「しようがない」と自分に言い聞かせた。カレッジの建物を出て石畳を敷き詰めた中庭を通って表通りに出た。タクシーを見つけてこれに乗りケンブリッジの駅に向かった。

今から思えばホール先生が自ら命を断ったのはこの一ケ月後であった。あの時お会いできていたらどうなっていただろうと思う。自分のゼミにいた出来の悪い留学生が、卒業後自分の国に帰って、まがりなりにも元気で仕事をしていることを知ったら、きっと喜んでくれたのではないだろうか。学生時代に親切にして頂いたことを本当に有り難く思っているので先生に会えたら、たとえたどたどしい英語であっても、その感謝の気持ちは十分伝えられたと思う。そうしたら、先生も少しは幸せな気持ちになられたのでなかろうか。そんな詮無い思いが次から次に浮かんでくる。一期一会。人間の出会い、再会は運命に支配されているのだろうか。それともほんの偶然の積み重ねに過ぎないのだろうか。そこはかとない悲しみが胸から暫く離れなかった。

Ｊ・Ｃ・ホール先生に加えてもしミセス・ベヴァンまでも亡くなられているとすると私がケンブリッジで希望と挫折が混ざり合った青春の二年間を夢中で過ごしたその確かな証拠というか、縁が全て無くなってしまう。それは余りにも寂しい。

ケンブリッジの街の中心部

4．変わりゆくケンブリッジ

私のセンチメンタル・ジャーニーに同情的な気の良い運転手が運転するタクシーは、ミセス・ベヴァンの家から私をケンブリッジの町の中心につれて帰ってくれた。チップをほんのちょっと多めに払っただけなのに、素直に喜んでくれ、こちらも嬉しくなった。タクシーを降りて古い通りを歩いてみた。さすがイギリス、建物は外から見ると昔そのままのものが多く、失われた青春時代に再会するような感じがする。やっと自分の存在が二十年前と確かにつながっていると感じホッとする。ところが古い煉瓦作りの建物の中を覗いてみるとすっかり商売の種類をかえている店屋が多いことに気がついた。二十年前、翌日のスパーヴィジョンのための準備が殆ど手つかずで残っており、さあ、これから徹夜で宿題をやらねば、と半ば悲愴な気持ちで「ムサカ」という、ジャガイモと羊の挽肉から出来たギリシャ料理をよく食べたが、そのレストランが今ではモダンな内装の観光客目当ての土産物屋に変わっていた。またある時突然親孝行の真似事をしたくなり、トリニティー通りの店でマフラーをほぼ衝動的に買って三重県に住む年老いた祖母と母に送ったことがある。マフラーを英語では「スカーフ」(scarf) と言うことを知ったのもその時であった。その店はどこかと探してみたが、かつてあった場所から消えてしまっており、その代わりに、ケンブリッジ大学の三一あるカレッジの各々の紋章をつけたスウェットシャートを売るモダンな店になっていた。あの時、カシミア一〇〇%のマフラーは当時の私にとってちょっと高すぎて手が出ず、値段が半分以下のウール五〇%、カシミア五〇%という混紡のマフラーを買った。そして「何十年後の将来、今よりもっと給料が稼げるようになったら必ずカシミア一〇〇%のものをプレゼントするので、それまで元気で長生きしてください。」などという殊勝な手紙を書いては自分でもしんみりとした気持ちになったことを思い出した。その店は日本の明治、大正時代の洋品店は恐らくこんな感じではなかったかと思わせるそんなくすんだような、ちょっぴり悲しくなるような、古い店であったが、その店のたたずまいが脳裏に甦る。私は幼くして父を亡くし母一人子一人となったが、その私を不憫に思って可愛がってくれたのが母方の祖父であった。この祖父は、当時では珍しいことではなかった様だが、一二歳という幼い年に三重県伊勢市の文房具店（ゴブリさんと言った）に丁稚に出された人だった。祖父は一年前に亡くなっていたが、私はこの祖父のイメージをこの店に重ね合わせていた。この祖父が亡くなったあと一年くらいは、思い出す度に涙が出てきて困ったものだ。

このように建物は二十年前と全く同じ、しかし内部はすっかり変わっているという店が多く、改めて二十年の年月の流れは如何ともしがたいという気持ちにとらわれた。僅かに「ヘファーズ」というケンブリッジ一の本屋が同じ洗練された佇まいで本を売っているのに安堵を覚えた。ただその安堵も、その後、一本向こうの通りには以前はなかった「ディロンズ」と「ウーターストーンズ」というロンドンの大手書店の支店が出ているのを見つけるといささか揺らいでしまった。

懐かしくなって「ヘファーズ」に入り辞書（コンサイス・オックスフォード・ディクショナリー）と

英国のスパイ小説作家ジョン・ル・カレの「パナマの洋服仕立屋」という題の新刊書を買って外に出る。娘の手を取って歩く。古い石畳の道である。歩くに従ってこの狭い道は蛇行し、その都度中世の建物が並ぶ目の前の風景が微妙に変化して趣は尽きない。日は落ちてすっかり暗くなっていた。この思い出深いケンブリッジの町に別れを告げ、タクシーでケンブリッジの駅に戻った。一番ホームから、ロンドン・キングズ・クロス駅行きの電車に乗った。娘と並んで座席に座った。娘にとってはセンチメンタル・ジャーニーでも何でもない、唯の日帰り遠足であったはずだ。街の中の何を見てもやたら懐かしがる父親に嫌がらずによく付いていてきてくれたものだと心の中で娘に感謝した。熱い紅茶を買って飲ませると満足したのか、眠ってしまった。

私も身体全体に軽い疲労感を覚え、目を閉じた。するとミセス・ベヴァンの顔が浮かんできた。この日も何年か後から振り返ればきっと思い出深い一日となるに違いない。電車の切符は車掌の改札が終わっても捨てずにとっておこうと思った。

B　ミセス・ベヴァンの懐かしい声

ケンブリッジからロンドンに戻って来てから一週間程経っても、ミセス・ベヴァンのことは頭から離れなかった。二月の十日頃思い切ってミセス・ベヴァンの家に電話をした。ご存命だろうか。あるいは親戚の人が電話に出てきて「実はミセス・ベヴァンは亡くなって……」とか「病気で意識が無くて……」などという答えが返ってくるのではないだろうか、とても不安だ。呼び鈴が二度鳴って受話器を取る音。私が「ミセス・ベヴァンさんですか」と言う。「イエス」という答え。「私はトシ・タガです」と言うと「おお、トシ！　私はおまえから手紙をもらって、連絡を取ろうとして色んなところへ電話をしていたのだよ」との答えである。二十年前と同じ少しかすれた紛れもないあのミセス・ベヴァンの声だ。二言三言挨拶の言葉を交わしたかと思ったら殆ど唐突に「トシ、おまえは結婚しているのか」と聞いてきた。ミセス・ベヴァンとお別れした時は私はまだ二六歳で結婚していなかった。あれから二十年経っているのだから、とっくに結婚していると考えるのが普通だと思うのだが、ミセス・ベヴァンの頭の中は二十年前のままで、二六歳のあの時の私を思い浮かべているのだろう。「ケンブリッジを離れて日本に戻り四年後に結婚しました。子供は女の子が二人います。上が一五歳で下が一三歳です。上の子が目下高校受験で家内はその世話のため日本に帰っています。あと数日すると家内はロンドンに戻ってきます」と答える。「それでは奥さんが戻ってから、奥さんと下の子供を連れて家にランチにおいで」と言ってくれる。「ランチは申し訳ないので、お茶で結構です」と答える。「それではお茶にしよう。ところで何日に来るのかい。何？　月、火、木が良いって。では二月二十日木曜日が私にとって都合がよいのでこの日に決めよう」と言い、二月二十日木曜日に決まった。

次にミセス・ベヴァンは「おまえはとても偉いのか（Are you very important?）」と質問した。随分直裁的な質問である。この直裁的なところも二十年前と同じだ。私は今、王立国際問題研究所の客員研究員であると同時にロンドンの日本大使館の参事官でもある。大使館員の総数は七〇人位だが私はその中で八番目位であると答える。「八番目とはなかなか偉いのではないか」と言ってくれる。そして次に「おまえはトールか」と聞いた。私は一瞬「トール」が果たして背が高いという意味で聞いているのか訝った。というのは私の身長は一七七センチでロンドンに住んでいて特に背が高いと意識したことがなかったからである。確かめるため「ハイト（背の高さ）のことですか」と聞き返す。ミセス・ベヴァンは「その通り。おまえは確か背が高かった」と答え、私は「その通りです。でも特別に高いという程ではありません。イギリスでは平均的な身長です」と答えた。

次にミセス・ベヴァンは「トシ、ところでおまえは私が八〇歳を越えてしまったということを信じられるかい」と言う。私は「えっ、本当ですか。そんなこととても信じられません。昔と比べて少しもお変わりでないと思う」と答えると、先方は「何、何、「少しも変わっていない」だって。もう一度言っておくれ」と聞き返してくる。「少しも変わっていない」と言う私の言葉がとても気に入ったようだ。

話は別の方向に発展し、「トシ、マルコムが二年前に亡くなったのを知っているかい」と聞いてきた。「マルコム」って一体誰だったか、慌てて記憶の糸を辿ってみる。思い出した。私がミセス・ベヴァンの家に下宿していた一九七五年の夏、同じく下宿していた哲学者で、コーネル大学の教授であったアメリカ人のことだ。哲学者のウィトゲンシュタインの伝記を書くためにウィトゲンシュタインが最期の息を引き取ったミセス・ベヴァンの家に下宿していた人で当時五〇歳位だったに違いない。二〇歳位の娘も一緒にその夏下宿していた。髪の毛がショートカットのこの娘の方は私や他の下宿人と年齢が近いこともあって一緒にテニスをしたり、映画館に行って遊んだ仲間であった。「私はモデルになるの」とややすまして言っていたが、私達を圧倒するような美しさからはいささか距離があり、私などはこの女の子、果たして本当にモデルになれるのかなあと密かに心配に思ったりしたものである。

おばさんは言う。「マルコムはとても有名な哲学者だったのだよ」「よく覚えています。娘さんも一緒にいましたよね」

「ああ、あの娘は出来が悪くマルコムにとって頭痛の種だったのさ。あの後マルコムは知的な女性と再婚したのだよ」私は二〇歳代の若い下宿人に混じって一人だけいた五〇歳代の下宿人でアメリカ・アクセントの強い英語を話すマルコムの顔を思い浮かべた。五〇歳というと当時随分老けた感じがしたが今の私と余り変わらない。そういえば、あの頃、おばさんはこのマルコムの面倒をよく見ていたことを思い出した。そのマルコムは最早この世の人でないという訳だ。何日か後、ケンブリッジで一番大きい本屋「ヘファーズ」に立ち寄り、店の人にコンピューターで調べてもらってこのマルコムが書いた伝記の書名が分かったが、数年前より絶版になっているとのことだった。一冊買ってみようと思っていたのに残念だった。

私の方から話題をミセス・ベヴァンの家族の方に向けてみる。私が「おばさんには素晴らしい息子さん一人と娘さん一人がいましたね」と言うと、「いやいや二人の息子と一人の娘さ」と私の言葉を修正し、「三人とも元気でやっているよ」と言う。私より更に「二十年前お宅で息子さん夫婦が四歳位のお嬢さんを連れて遊びにやってきたことがあります。どういう訳か何か用事があって大人達が皆いなくなり、残された私がその女の子の話相手をして面倒をみてあげたことがあります。行儀が良く、きれいで、ちょっとおませな女の子でした」と言う。その女の子が私に向かって「私は最初、お兄さん（私のこと）を見た時ほんの一瞬中国人かと思ったけれど、今ではお兄さんが日本人であることをよく知っているわ」と言ったことがある。この「ほんの一瞬（for a moment）」という表現の使い方が子供にしては見事で、ちょっとおませな感じがしたのを覚えている。そしてこの女の子は成長したらきっと美しくて聡明な女性になるだろうと思った。

おばさんは私がこのお孫さんのことをほめたのに対し、「孫と言えば今では一〇人もいるよ。更に曾孫までいてそれも六人いるよ。だから孫という言葉を聞くとゲップがでそうだよ」と言い声をあげて笑った。これも二十年前のおばさんの話し方と少しも変わっていない。つまり偽悪的であるのだ。本当は孫や曾孫のことが可愛くて大好きに違いないのだが、決してそのようにストレートには言い表さず、このように「孫なんてウンザリさ」と言い放ってしまう。シャイなところもあるのだろう。こういう風に偉そうに言うところは、二十年前と少しも変わっていない。

おばさんは自分の家への来かたについてこう言った。「ロンドンのリバプールストリート駅から電車に乗り、ケンブリッジに着く一つ手前のシェルフォードという駅で降りるのだよ。いいかい、一つ手前だよ。ここのところを間違えないように。ケンブリッジに着いてしまったらもう間違いなのだよ。「手前」というのはなかなか曲者なのだよ。それにロンドンで列車に乗る駅はキングズクロス駅ではなく、リバプールストリート駅だからね。ここのところも間違えてはいけないよ。いいかい、トシ。私の所にちゃんと来れるのかどうかおまえの知性を試しているのだよ。実際どういうことになるのかとても楽しみだよ」と言ってまた笑う。

間違えずに電車に乗ることなど差程難しくないに違いないのだが、そのようなことを取り上げて、おまえの知性を試してみるぞ、などとわざと偉そうな態度をとるのである。これはミセス・ベヴァン独特の、人に親しみを示す言い方である。

いずれにしてもミセス・べヴァンが元気で生きておられること、そして私のことを懐かしく思ってくれていることが分かり、何だかとても幸せな気分になってきた。

C　ミセス・べヴァンとの再会

いよいよ約束の二月二十日の日がやってきた。ミセス・べヴァンに電話をして、ロンドンのリバプールストリート駅発一二時三八分ケンブリッジ到着予定一時五〇分という電車に乗る旨を告げた。私と一三歳の娘の二人は家内より数分早く家を出て近くのハロッズというデパートに寄った。ミセス・べヴァンにお土産を買っていくためだ。一階のお菓子売場で砂糖で出来たバラの花束の飾りが付いたフルーツケーキを貰う。このケーキは洋酒をたっぷり含んでいるので、日持ちがよく、賞味期限は六ヶ月先となっていた。この売場で後から着いた家内と合流し、店の外に出る。一二時一五分だ。タクシーでとばせば一二時三八分の電車にあるいは間に合うのではという気になった。通りでタクシーを拾ってリバプールストリート駅に向かう。乗ってみたら駅まで結構距離があり、結局五分遅れで列車に乗り遅れてしまった。タクシー料金も一三ポンド（約二六〇〇円）取られた。

駅で公衆電話を見つけてミセス・べヴァンに電話をした。一時五〇分ケンブリッジ到着予定の電車ではなく、その一本後の二時五〇分到着予定の電車で行く旨を述べると、「どうしてそうなったのか」と聞く。私は「乗り遅れたのです」と言うと、ミセス・べヴァンは豪快にワッハッハと笑った。

今度は反対に五〇分ほど時間の余裕が出来てしまった。そこで駅の構内に数多くある売店や店をのぞいてみた。ジャルダン・ドゥ・パリという店でサンドウィッチを買い、近くのバーガーキングというハンバーガー店で食べた。家内がピース・オブ・ケーキという店で大振りで生クリームが一杯乗っかっているケーキを三コ買った。

リバプールストリート駅はもともとヴィクトリア時代に栄えた駅で、蒲鉾の形をしたドームのような屋根にその面影は残っている。五年前、アフリカ出張の帰りロンドンに立ち寄り、ケンブリッジまで足を伸ばした時、ロンドン市内の、ある駅にやって来て電車に乗った。その時、自分が留学していた時には薄汚い駅だったのが随分きれいで立派な駅になったものだと感心したことがある。その駅は今思うとまさにこのリバプールストリート駅であった。ああ五年前に来たのはこの駅だったのだと些かの感慨を込めて構内を見回した。

電車は予定通り二時五〇分、シェルフォードの駅に着いた。駅と言っても名ばかりで、盛り上げた土をブロックで固めただけのホームと駅名を知らせる表示板が立っているだけの寂しい駅である。駅の建物や改札口もない無人駅だ。

我が家族三人はホームに降りた。ホームの端の方にひときわ派手な青色のジャケットを着た白髪の大柄なおばあさんが手を振っている。こちらも手を振って近づいていく。紛れもないミセス・ベヴァンだ。握手をする。私は振り返って、これが家内でそしてこれが娘ですと紹介する。ミセス・ベヴァンはそれぞれと握手をして、「どっちがどっちなのか」と言う。理解するのに一瞬時間が掛かったが、これは例によってミセス・ベヴァン一流のジョークなのだ。一三歳の若い娘と家内の区別が付かないと言っている訳で、家内を喜ばせるためのジョークである。ミセス・ベヴァンはジョークを言ったのだという表情はおくびにも出さず、ホームを駐車場に向かって歩いて行く。歩きながら「あの中国人がとうとう亡くなったね。三年間も公の場から姿を消していたのだよ。」と言う。前日に亡くなった鄧小平のことを言っているのだ。この「中国人」というのを“Chinaman”と今では余り聞かない古い表現で言った。ミセス・ベヴァンは昔から国際情勢に関心をもっていてしばしば国際的な出来事を話題にしていたこと、そしてその時の表情がちょっと得意げであったことも思い出した。

ミセス・ベヴァンの車に乗せてもらい、約二分でミセス・ベヴァンの家に着いた。家の庭の隅に人形が埋め込んであった。「この人形はノームといって泥棒よけのお呪いなのさ。もっとも私の家には盗む品物などないのだが」と笑いながら言う。家を見ると平屋建ての古い落ち着いた家である。屋根の上には風見鶏が取り付けられており、折からの風でかすかに動いていた。家の中に招き入れられ、台所の隣のサン・ルームのような食堂に通された。そこでティーとメレンゲのお菓子、ブラウン・ブレッドという黒パンに黄色いバターがたっぷり塗ってあるものを頂いた。ブラウン・ブレッドには赤い特別のジャム（ラズベリーとストロベリーのジャム）を付けて食べるのだそうだ。食べてみた。なかなか奥の深い味がした。

娘が知的障害児であることはミセス・ベヴァンにあらかじめ電話で言ってあった。ミセス・ベヴァンは娘を見て、私に「一体この子はどこが悪いのかい。ダウン症なのか」と聞く。私は「ダウン症ではなく、ただ知的発達が普通の子と比べて遅いのです。」と答えた。ミセス・ベヴァンは娘の手をとり隣の部屋につれて行き、テレビにビデオカセットを入れ、「プラスターマンを知ってるかい」と娘に聞いた。映像が映った。石膏で作った人形が動き回る子供向けの楽しいビデオだ。娘は興味を示し、テレビの前に座り込んでしまった。ミセス・ベヴァンは「それでは大人は隣の部屋でお話さ」と言って私と家内を促して食堂に戻った。

つもる話に花が咲いた。話がひとしきり終わって、テーブルに残された皿を見て家内と私が立ち上がり、これを洗おうとした。すると「週一回お手伝いさんが来るので、そのお手伝いさんが洗ってくれるからその必要はないよ」とミセス・ベヴァンは言う。とは言え、いくらなんでも何日もそのままにしておくのは申し訳ないので家内と二人で皿やティーカップを台所まで運んだ。ミセス・ベヴァンは「そんなことしなくていいよ」と言いながら目は嬉しそう。そして家内のことを気に入ってくれたのか、家内に、「それでは私の寝室に面白い絵や置物があるので見せてあげよう。こちらにおいで」と言って家内を寝室の方に連れていこうとする。どうしようかと戸惑っていた私に向かって「これから見せるのはレディーの部屋なのだから、トシ、男のおまえは立入禁止だよ」と悪戯っぽい笑みを浮かべて言う。そして「トシ、何だったらその間にこの皿全部洗っておいておくれ」と言うのである。私はその瞬間「洗ってあげなければと一度は思った皿だ。仕方がない。洗うか」と思い、ほんの少し困惑した表情を浮かべたに違いない。ミセス・ベヴァンはその表情を見てとったのだろう、ワハハと大笑いし、「おお、トシ、私はおまえの足を引っ張っただけなのさ。おまえの足ときたら本当に引っ張り易いのだから」と言う。その瞬間思い出した。英語で「足を引っ張る（pull one's leg）」というのは「冗談を言って、からかう」という意味なのだ。二十年前ミセス・ベヴァンに今日と同じ様な状況下で同じことをいわれたことを思い出した。そしてその時、「そう言われたら、「引っ張るのは別の足にしておくれ。そっちの方は鈴が付いていてもっと面白いよ」と言ってからかい返すのだよ」と教えてもらったことも思い出した。いずれも二十年振りに再会した懐かしい英語表現であった。

ミセス・ベヴァンは私たちを居間に連れて行き息子さん（二人いるうちの長男の方）の娘が結婚した時の写真を見せてくれた。私がかつて話相手をした、そして for a moment と言ってちょっとおませな感じがしたあの当時四歳の小さな娘が成長したのがこの女性なのだろう。この娘の結婚した相手の男性が、エリザベス女王の馬の調教師の息子なので女王がゴッドマザーになっているとのことである。ミセス・ベヴァンの一族と調教師の一族が集まって女王と一緒に座っている写真である。どこかの宮殿で撮った写真とのことである。ミセス・ベヴァンは「これは二年前の写真で、女王とダイアナ妃が離婚問題を巡って言い争いをしたといわれる日に撮られたものだよ。でも女王とダイアナ妃は私達の前ではお互いにポライトに喋っていたのだよ。この二人の喧嘩を取材するため新聞記者が多数詰めかけており、自分は写真撮影の所定の場所に行くのにこれら記者の間をかいくぐって行かなければならず、大変だったよ。この写真で自分は茶色のスーツを着て地味な感じで写っているだろう。これは息子から言われて渋々そうしたものさ。本当はもっと派手な色の服を着て行きたかったのだよ。地味な格好で行ったのでまるでナニー（子守のおばさん）みたいだよ」と残念そうに言う。

同じ居間にデンマークのマルガレーテ女王からのミセス・ベヴァンあてのクリスマスカードが並べてあるのに気が付いた。かつてミセス・ベヴァンの家に下宿し、ケンブリッジの英語学校に通ったとのことである。私が下宿した二十年前よりほんの少し前のことのようだ。ミセス・ベヴァンはその何年か後、デンマークに行き、女王からお茶に招かれたということだ。「宮殿に行ってマルガレーテ女王に会い「カーテシー」をしてきたよ」と言い、片方の足を後ろに引き膝を折り曲げるカーテシーの仕草をしたが、身体が大きいので可愛いという感じからほど遠く、私は思わず吹き出しそうになった。

居間にはミセス・ベヴァンのご主人、ドクター・ベヴァンの写真が何枚か飾ってあった。ケンブリッジ大学の数あるカレッジの中でも名門中の名門、トリニティー・カレッジを卒業した医者であり五年程前に亡くなっている。私が下宿していた時よく見かけたが一九〇七年生まれとのことなので、あの頃六八歳であったということになる。余り無駄なことを話さない白髪で体格の立派な紳士であった。一九二八年のオリンピック（アムステルダム大会。尚この大会は織田幹雄が三段跳びで日本に初めての金メダルをもたらした大会でもある）でボートの選手として出場、金メダルをもらった人である。ケンブリッジで売っている観光客向けのオフィシャル・ガイドブックにケンブリッジ大学出身者有名人リストのスポーツの箇所に「エドワード・ベヴァン」として名前が出ているのでその本をミセス・ベヴァンに見せた。私は「この本、もし良かったら置いていきます」と言った。ミセス・ベヴァンは、「国際的・オリンピック出場のボートマン」との見出しでご主人ともう一人の英国人の名前が載っているのを見て、「このもう一人の男は「国際的」でも「オリンピック出場」の選手でもないのでこの本は正確じゃない」と言い、本は私に返した。

私はドクター・ベヴァンを白髪のおじいさんの時の顔しか見たことがなかったので、居間に飾ってある二〇代、三〇代の金髪で写っている写真は興味深かった。よく見ると若い時のドクター・ベヴァンはなかなかハンサムである。私はミセス・ベヴァンに「ご主人は若い時とてもハンサムでしたね」と言った。どうせほめるならケチらずに多めにほめた方が良いと考えて、「なかなか」ハンサムと思ったのを、口に出す時には「とても」ハンサムと言い換えた。ところがミセス・ベヴァンは「若い時だけではなく年をとってもブロンドの髪は美しく、とてもハンサムだったよ」と言い返されてしまった。これはミセス・べヴァンの個人的な特徴なのか、それとも英国人あるいは西洋人一般の特徴なのかよく分からないが、自分の身内の美醜（それも美のほうが多いが）について他人に堂々と発言する場面に何度か出くわしたことがある。身内についての謙譲の精神というのは無く、美については随分率直である。

ドクター・べヴァンは三年程患って終わりの頃は病気が頭を冒し、ミセス・べヴァンは随分苦労されたようである。詳しく聞くのは気の毒で気が引けた。何の病気であったのかも聞きそびれてしまったが話の感じでは癌ではなかったかと思う。

そろそろお暇の時間だと思った。その旨を告げるとミセス・べヴァンは「ああそうかい。それではケンブリッジの駅まで車で送ってあげるよ」と言った。そして隣の部屋をのぞきこみ、ビデオを見ていた娘に、「これをあげるよ」と言って新聞のはさみこみの子供向けマンガを渡した。娘は嬉しそうに立ち上がり、ちょっと上気した顔でこれを受け取った。娘は自分に好意をもって接してくれる大人とそうでない大人をほぼ本能的に正確に見分ける能力を持っている。ミセス・べヴァンは子供から見てちょっと怖い顔つきのおばあさんであるはずなのに、娘はどうやらミセス・べヴァンのことを好きになったようだ。

夕方の五時頃、ミセス・べヴァンに車でケンブリッジの駅に送ってもらった。駅前の駐車場で車を止め、私、家内、娘のそれぞれとお別れの挨拶をした。ミセス・べヴァンは、「おまえの頬にキスはしないが、コンシダー・キスト（Consider kissed）」と言った。いたずらっぽい目をして笑っている。「コンシダー・キスト」とは「キスをされたつもりになれ」という意味のようだ。二十年前、ケンブリッジを立つ時、ミセス・ベヴァンにお別れの挨拶をしに行ったら、不意に両頰に大きな音を立ててキスをされたことを思い出した。慌てふためいて真っ赤になったようで、ミセス・ベヴァンはその後友人に日本では別れにキスをする習慣はないようで、トシは慌てふためいて真っ赤になっていたよと笑って話していたそうだ。「コンシダー・キスト」とはミセス・ベヴァンはそのことを思い出して言った言葉なのだろうか。ちょっと狐につままれたような気がした。

ミセス・ベヴァンの車が去って行くのを見送って私と家内と娘の三人は、ケンブリッジ駅の建物の中に入った。

D　悠久の時の流れの中で

既に述べた通り、私は二十年ほど前ケンブリッジ大学のセント・ジョンズ・カレッジというカレッジに二年間留学した。今回再び英国に滞在しているわけだが、夏の強い日射しが少し弱まり、風が時折ひんやりとするようになった一九九七年九月の上旬、私はこのセント・ジョンズ・カレッジを訪れ、そこで夕食を御馳走になるという経験をした。そうなったのは、そのカレッジに偶々私の日本人の友人で大学教授をしている人がその夏の間滞在し、研究をしていたのだが、この友人がある日カレッジの学長に食事の席で、自分の友人でこのカレッジを卒業した日本人がおり、今ロンドンに住んでいると言って、私の事を話題にしてくれたらしい。学長が「それではその卒業生を都合の良い日にカレッジの夕食に招待したい」と言ってくれたとのことであった。その学長M先生は神学の先生である。法律を専攻していた私は実は二十年前カレッジの学生の時、この先生と親しくお話したと言う記憶はな

セントジョンズ・カレッジの建物。ニュー・コート・ビルディングと呼ばれるが 1820 年の建築。

い。どんな先生だったのか思い出せないのだが、学長となったその先生が夕食に招待してくれているということなので、これを受けない手はないと考え、この日、ロンドンのキングズ・クロス駅より電車に乗り、ケンブリッジに向かった。

　ケンブリッジの駅には早めに着いた。夕食前に町をじっくり散歩し、昔のことを色々懐かしく思い出したいと考えたからである。そういう訳でケンブリッジ駅に着いたのはお昼過ぎの二時頃であった。ホームの公衆電話からセント・ジョンズ・カレッジのペラム教授に電話を入れてみた。このペラム教授とは私が学生の時、チューターと呼ばれる学生の生活指導をする先生で私を担任してくれた先生である。生化学の研究者でカレッジの法律専攻の学生達のチューターとなっていた。私は五科目を勉強していたが、五人のスーパーバイザーと呼ばれる先生から各学期の終わりに私の成績について報告が行くのがこのペラム先生のところであった。学生は学期の終了する日、このペラム先生の研究室に行き、一人ずつ呼び込まれ、成績について各スーパーバイザーからの報告を取りまとめて告げられた。私の場合、ウイークデーは五時間程の睡眠と食事の時間以外は全て勉強に注ぎ込むという猛勉強をしたが、成績は低迷、落第点ぎりぎりのところをさまよっていた。従っていつも学期の最終日、この先生のところに行くのは気が重かった。でも行ってみるとやはり芳しくない成績の講評を淡々と伝えてくれるのだが、その後さりげなく励ましの言葉を付け加えてくれることが多かった。そのたびにやや救われた気持ちになったものであった。

さて、この先生には今回のケンブリッジ行きの一週間ほど前にファックスを送り、近くケンブリッジに行くので、是非お会いしたいと連絡してあったのだがその後何の返事もなく、とうとうこの日になってしまった。駅から電話をしながらペラム先生は今日も不在で結局お会いできないのだろうとのあきらめの気持ちが頭をよぎった。するとその時である。相手が受話器をとる音がして、"Hello, this is Professor Perham speaking."という答えが返ってきた。私は思わず息を飲んで、ややしどろもどろの英語になりながら、「私はタガという者です。二十年前、セント・ジョンズ・カレッジの学生でした。そのとき先生にはチューターとしてお世話になりました」と述べた。いや、正確に言うと、そう述べようとして一番最後の文の途中まで来きたところでペラム先生は、私の言葉を半ば遮るように"Oh, hello Toshi!"と言ってくれた。私は二十年前この先生にToshiと呼んでもらっていたのだ。よく思い出してくれたといささかうれしくなる。昨日、学会のため出張していた米国から帰ったばかりで私のファックスもつい先程読んだとのことだった。私のファックスの末尾には自分の名前をしかつめらしくToshiyuki Tagaと書いてあったので、今先生が私のことをToshiと呼んでくれたのは、明らかに二十年前の私のことを思い出してくれたからに違いない。私は「今晩M学長に呼ばれてセント・ジョンズ・カレッジのディナーに行くのですが」と言うと、「自分もディナーに行くのでそこで会えるが、ディナーの始まる少し前に自分の研究室に来てシェリーを一杯飲まないかい。ディナーは七時一五分からなので、七時少し前に私の研究室に来て欲しい」と言ってくれる。私が「実はディナーの前にM学長のところへ行って挨拶することになっているのですが」と言うと、M学長も大歓迎なので、M学長を誘って一緒に自分の部屋に来て欲しいと言う。私はとにかく今晩お会いできるのを楽しみにしていますと言って電話を切った。ペラム先生とは今回会えないとあきらめかけていただけにこうやって先生と電話で連絡がとれたのはとても嬉しかった。それにProfessorになっておられることに気づき更に嬉しく思った。英国では日本や米国と違ってProfessorと呼ばれる人は極めて少なく、この称号は単なる教授ではなく日本で言う学部長のような地位にある人にしか与えられないのである。

バスで街の中心に着いて、通りを、昔のことを色々思い出しながら散歩した。そうしているうちに夕食の時間が近づいてきたのでセント・ジョンズ・カレッジに向かった。このカレッジはヘンリー七世の母親であるレディー・マーガレット・ボフォートを創立者とするカレッジで一五一一年に建てられているので、建築年代がほぼ同じロンドンのセント・ジェームズ宮殿や、ロンドン郊外のハンプトン・コートとよく似た建築様式である。通りから門を通って中庭に入ると現代という時間からチューダー王朝の時代にタイムスリップしたような錯覚に陥る。チャペル・コートと呼ばれる中庭に面したペラム先生の部屋に行ったがまだ先生は来ておられなかった。外で二、三分待ったら、ベージュのスーツを着た六フィート（一八三センチ）は優にある背の高い紳士があらわれた。右手にシェリーのボトルをもっている。顔を見た。少し皺が増えたが紛れもないペラム教授だ。お互いニッコリ、笑みを浮かべて握手をし、挨拶を交わした。先生の二階の研究室に行く。「M学長にはまだ挨拶が出来ていないのですが」というとペラム教授はM学長に電話をして「ここで一緒にシェリーを飲もう」と言い「それでは」と言って受話器を置いた。M学長はこちらにやってくる様子だ。その間ペラム先生と昔話に花が咲く。二十年前先生のお宅のパーティーに呼ばれた時、芝生でお転婆な小さい娘さんが暴れていたのを思いだし、その事を言う。「トシはよく覚えているなあ」と嬉しそうな顔をして「あの娘はもう二六歳になり大学を卒業してロンドンに住んでいるよ」と言った。この娘さんをとても誇りにしている様子だ。

その後話は自然に十日程前に亡くなったダイアナ妃のことに移った。先生は、「あんなにたくさんの人たちが花束を捧げるためにバッキンガム宮殿やケンジントン宮殿に繰り出したのにはびっくりした。ドイツ人は大勢で繰り出す習性があるが、英国人があのようなことをするとは意外である」と言った。

セントジョンズ・カレッジの「嘆きの橋」
ヴェニスにある同名の橋（囚人がため息をつきながら渡る牢獄への橋）に由来。

するとで丁度その時、M学長が部屋にやってきた。私と握手をしながら、「君の顔はよく覚えているよ」と言ってくれる。私もM学長の顔をじっと見る。二十年前カレッジで確かに見かけた顔だ。「今回はテューターのペラム教授にも会えて良かったね」と一緒に喜んでくれる。再びダイアナ妃の話しに戻り、二人の先生はダイアナ妃の弟のスペンサー卿の弔辞は王室や国民を分断する内容の大変良くない弔辞だと述べる。ロンドンでは以前にあったダイアナ妃への批判はすっかり姿を消し、今や聖女扱いになっていたが、ケンブリッジのこういうインテリの人たちは、王室支持派で、ダイアナ妃のことはやはり批判的に見ているようだ。「聖女ダイアナ」の大合唱ばかりを毎日耳にしていただけにこういう見方を聞いて何だかホッとした。

時間が来たので皆で部屋を出て食堂に向かう。途中の廊下でペラム教授がこれを羽織るようにと言ってガウンを渡してくれる。羽織ってみると膝の下まで来る長いもので、これは学生用ではなくフェロー用のものだ。両先生はペラム先生の部屋を出た時点で既にガウンを着ていた。最初の部屋で食前酒を終え、ゴーンというドラの音を合図に二階に登るとそこがフェロー用のロング・ギャラリーと呼ばれる食堂だった。大学の学期がまだ始まっていないので、人数は少なく、全部で一二、一三人だ。皆が席につくと学長がすっと席から立ち上がって、ラテン語で食前のお祈りの言葉を言う。お祈りが終わると座って食事が始まった。学長の左が私、私の左がペラム教授だ。私が両先生に挟まれる格好だ。明らかに私のために配慮してくれたテーブルプラン（座席配置）だ。学長の右手の客は南アフリカ出身の数学者で、英国の他の大学で教えているとのこと、セント・ジョンズの卒業生であるため食事に呼ばれたようだ。学長はこの数学者とも、上手く話題を提供しながら快活な感じで話をし、場を盛り上げている。そうかと思うと私の方を向いて色々話しかけてくれる。

ホストだけあってさすがに社交的である。私の左のペラム先生は二十年前一緒だった学生の近況を教えてくれる。米国から留学していたA君は今やハーバードの教授になっているとのこと。私は法律科目の一つ不法行為法を教えてくれたホール先生のことを思い出した。この先生は鬱病が高じて五年ほど前に自ら命を絶った人で、当時私はそれを聞いて大変ショックだった。とてもシャイで親切な先生だった。ペラム教授によればホール先生は終わり頃には、他人が言うどんな言葉でも、そしてほめ言葉でさえ自分の心を傷つける言葉として受け取ってしまうという状況であったとのこと。ホール先生の顔が浮かんできて一瞬悲しい思いにかられた。食堂の灯りは蝋燭の光しかなく、あたりはほのかに暗い。テーブルの自分の食事もはっきりは見えず、何を食べているのかよく分からない。でもまずくはなく、どちらかというとまあ美味しい方と言うべきか。

この蝋燭の火のほの暗さは悠久の時の流れを感じさせる。ペラム教授は「この食堂は四百年前からのものだ」とこともなげに言う。四百年前と言えば日本では「関ケ原の戦い」の頃である。そのころのフェロー達もこの部屋で今晩の人々と同じように黒いガウンを着て同じ様なほの暗い蝋燭の灯りの下で同じ様な食事をしたに違いない。四百年前と今とが確実に繋がっているということが実感出来る不思議な瞬間である。また悠久の歴史の中に我が身を置くと、自分の生きる時間はほんの瞬きの時間に過ぎないということも教えてくれる不思議な空間である。かすかに揺れ動く蝋燭の炎を眺めながらこのような貴重な経験をさせてくれる母校の先生方の心配りに密かに感謝した。

E　ケンブリッジにおける生活と文化

ケンブリッジ大学は日本の大学と比べると制度や文化が違うため、分かりにくい面が多々ある。本文中に書けなかった説明や注釈を以下に述べたい。

1．ケンブリッジにおける大学（university）とカレッジ（college）の関係

この両者の関係は分かりにくい。留学する前に東京でケンブリッジ大学に関する案内書を一生懸命

に読んだが結局理解できなかった。

実際にケンブリッジの街に着いてみて分かったのだが、そこには「ケンブリッジ大学」という名前の建物は存在しないのである。あるのは唯「何々カレッジ」と呼ばれる建物である。

ここに教師と学生が一緒に住んでいる。ここに自分の食堂があり、学生はそこで食事をする。寝泊まりする部屋もこのカレッジの中にある。つまりカレッジとは学生の生活の中心であり、「学寮」と呼んでもあながちはずれていない。学生は必ずいずれかのカレッジに所属する。カレッジの数は私がいた二十年前では二五あったが現在では三一ある。

同じカレッジの中には数百人の学生が住んでおり（私のいたセント・ジョンズ・カレッジには現在約七〇〇人の学生がいる）、専攻する課目は学生によりまちまちである。法律、歴史、古典、哲学、神学、経済学といった文化系の課目もあるし、数学、医学、物理学、生物学、生化学など理科系の課目もある。つまり同じカレッジの中に専攻課目を異にする学生達が一緒に暮らしているのである。

他方、「大学」の方は抽象的な存在である。「大学」は学年末試験の実施、単位の授与、学位の授与、学部の研究施設の提供など個々のカレッジを越えた学生全体に共通する事に責任を持つ。ケンブリッジでの教育は個人教授が中核となっており、これはカレッジの責任である。カレッジの先生が自分のカレッジの学生を教える。自分のカレッジに当該課目を専攻している先生がいない場合は、そのカレッジが別のカレッジにいる当該課目専攻の先生を紹介してくれる。学生はこの課目に限ってはこの先生のいるカレッジまで行って教えてもらう必要がある。しかしこれは例外で、自分のカレッジの先生がその学生を教えるのがあくまでも基本である。

学年末試験の結果が、セネット・ホール（この建物は特定のカレッジに属さず「大学」の持ち物であり、「大学」の色々な式典に使われる）の壁に張り出されるが、その時学生の名前、科目、成績、所属カレッジの名前が発表される。どのカレッジの先生も自分のカレッジから、いかに沢山の成績優秀者を出すかということに心を砕いている。つまり同じ大学の中ではあるがカレッジの間で競争が繰り広げられているのである。

大学は学部を有しており、学部は講義を学生に提供する義務がある。実際に講義を行うのはいずれかのカレッジに所属する先生であり、大学からの依頼を受けて行う。例えば法律の場合、法律を専攻している各カレッジの学生が法学部がアレンジする講義を聴きに来る。但し出欠は取られず、あくまでもカレッジで行われる個人教授（スーパーヴィジョンと呼ばれる）を補足する位置づけでしかない。

2. スーパーヴィジョン

スーパーヴィジョンとはケンブリッジにおける教育の中核を成す個人教授方式の教育法である。学生の所属しているカレッジの先生によって行われる。一対一の場合もあるが、一対三とか一対四ということもある。時間は一時間である。一時間というと短く聞こえるが、実際に出てみるとものすごく密度の濃いやりとりが先生と学生の間で早いスピードで繰り広げられるので二時間位の長さに感じられる。終わった後はいつもくたくたになる。

一つの課目についてスーパーヴィジョンは二週間に一度の頻度で行われる。英語には「二週間」を意味する「フォートナイト」（fortnight）という表現がある。スーパーヴィジョンが終わるとき、先生と学生は「スィー・ユー・イン・フォートナイト」（See you in fortnight.）（二週間後にまた会いましょう。）という挨拶を交わして別れる。フォートナイトという言葉はスーパーヴィジョンから発した言葉ではないかとさえ思った。五課目履修していると二週間の間に五つのスーパーヴィジョンがあることになる。具体的には例えば第一週は二つ（課目A、B）第二週は三つ（課目C、D、E）第三週は二つ（課目A、B）第四週は三つ（課目C、D、E）、という具合に、週によって、二つの週と三つの週があり、これが代わり番こに繰り返すことになる。三つある週は勉強量が多く徹夜を強いられ本当に大変であった。

スーパーヴィジョンの始まる二四時間前に先生のカレッジの部屋の郵便受けにエッセイ（課題についての答えを書いた小輪文のこと。A４サイズの紙に手書きで四ないし五枚程度の長さの論文）を届けなければならない。（私の場合勉強が出来なかったため徹夜で答案を書き上げ、夜が白みがかった頃、ようやく書きあがったエッセイを持って、人の誰もいないコート（中庭）を横切って先生の部屋へ行き郵便受けに入れてくるということが何度かあった。）先生はこれを採点して、スーパーヴィジョンの席上返してくれる。講評を口頭で付け加えてくれるが、このエッセイの講評に割く時間はせいぜい一〇分程度である。これは次に取り組むべき新たな課題があり、これに主たる関心を振り向ける必要があるからである。

3. スーパーヴィジョンの先生

スーパーヴィジョンで学生を教える先生はどのような人達かというとこれは色々である。基本的にはそのカレッジに属している先生であり、日本の大学でいえば大学院の博士課程の研究者からあるいは講師や助教授、教授に相当する、レクチャラー、シニア・レクチャラー、プロフェッサーなど色々いる。その学問で英国の第一人者、更に世界的権威であることもある。このような偉い先生方が学部の学生のエッセイをみてくれるのである。中世以来変わることのない「手作りの教育」がここで行われている。

このような先生が私のような出来の良くない留学生の稚拙なエッセイをじっくり読んでくれて、ここでは in ではなくて on を使うべきであるなどと言って前置詞の用法、英語の間違いまで直してくれたことが度々あった。その度に私は大いに恐縮した。

4. ケンブリッジの先生

ケンブリッジのカレッジは現在三一あるが一番古いのが「ピーターハウス」と呼ばれるカレッジで一二八四年の創立である。英国の前駐日大使ライト氏はこのカレッジの出身である。当時は学問といえば専ら神学であった。その伝統があってかと思うが、今でもケンブリッジの先生には独身の人が多い。本文中に出てくるJ・C・ホール先生は独身であり、カレッジの中に住んでいた。更に本文の一番最後に出てくるペラム教授は夫人（カナダ出身）がおり、カレッジから歩いて一五分位のところにある一戸建ての家に住んでいた（その家の庭でパーティーがあり、呼ばれたこと、そこで娘さんが遊び回っていたことは本文に述べた通りである）。ペラム教授は更にカレッジの中に研究室を持っておりそこは、自分の研究を行う他、学生と会ったり、スーパーヴィジョンを行ったりするのに使っていた。

独身のJ・C・ホール先生の研究室に他の学生二人とともにお茶に呼ばれたことがあった。紅茶の他にスコーンと呼ばれるこぶし大の菓子パン、更に作りたての美味しいサンドイッチをごちそうになった。さて、そのサンドイッチだが、一体誰がつくったものか訝った。カレッジの食堂の料理人に作らせる方法もあったかも知れないが、そのような気配は感じられなかった。そうなるとホール先生が自身で作ったということになり少し意外な気がした。しかしその後、英国には独身の男の人がかなり多く、しかも自分で料理の出来る人が比較的普通にいることを知り、ホール先生がサンドイッチを自分で作ったとしてもさほどおかしいことではないのだと思うようになった。

5. ケンブリッジと自転車

ケンブリッジは人口一〇万人程度の都市である。交通機関はバスとタクシーがあるが、学生にとって最も便利なのは自転車である。

ある建物から別の建物へとスーパーヴィジョンや講義を聴くために移動する場合、歩いて行くと一〇分、二〇分、あるいは三〇分もかかってしまうが、自転車で行くと数分で目的地に着けるので、極めて便利である。更に車の場合と違って駐車場を見つける苦労もない。自転車はただ鍵をかけて壁にもたせかけておくだけで十分である。ハンドルの前に藤で編んだ籠がついておりここに教科書を入れて走るのである。

一つ困ったことがあった。ペダルをこぐ時、チェインについている油がズボンの裾について汚れてしまうということである。やがてこういうことを防止するために馬蹄形をした金属製のクリップが二本一組で売られていることに気づき、早速買い求めた。これでズボンの裾を挟むと、ズボンはチェインの油に接触することはなくなり問題は解決された。

6．ケンブリッジの学生と身長

ケンブリッジに留学し、寮で生活を始めて身長のことが気になりだした。先ず第一に言えるのは日本の大学にいた時と比べると周りの人の背丈が高いということである。私は身長が一七七センチで、日本では同世代の仲間の間では高い方であり、ことさら身長のことでコンプレックスを感じるということはなかった。ところがケンブリッジのセント・ジョンズ・カレッジの寮に暮らして、寮や食堂やスーパーヴィジョンで出会う学生の殆どが私より背が高かった。ちょっと情けない気がした。英国では六フィートが一つの基準となっていてこれを超える人は背の高い人と見なされるということを知った。六フィートとは一体何センチか気になって、日本から持ってきた英和辞典の末尾にある換算表を開いて計算した。一八三センチであった。

ケンブリッジの学生の多くはこの六フィートを超える若者達であった。但し、私と同じくらいか、私より少し低い人もいた。私より少し低い学生で、「自分は地方公共団体から奨学金をもらってケンブリッジに来ている。自分は他の学生程出身階級が良くない」と述べた学生がいた。他方、寮で隣の部屋の学生は「自分より数えて七代前のおじいさんからケンブリッジ、しかも同じカレッジ、セント・ジョンズに来ている」と述べていた。この学生は六フィート以上ある快活な学生であった。こうやって見てくるとケンブリッジにやってくる学生達の間にも階級の差があるようであり、貴族あるいは上流階級につながる家の子弟は概ね背が高かった。英国では背の高さが出身階級を表すという面があると思われた。

7．セント・ジョンズ・カレッジ

セント・ジョンズ・カレッジは私が在籍したカレッジである。ケンブリッジの観光ガイドブックを見ると、ケンブリッジの美しいカレッジとして三つ挙げられることが多い。キングズ・カレッジ、トリニティー・カレッジそして我がセント・ジョンズ・カレッジである。「嘆きの橋」という有名な橋はこのセント・ジョンズ・カレッジにある。

装飾が美しいセントジョンズ・カレッジの入口

本文で少し触れたが、チューダー王朝のヘンリー七世の母親レディー・マーガレット・ボフォートが創立者である。カレッジの建物は一五一一年から一五二〇年にかけて建築されている。その後いくつかの建物が増築されている。有名な卒業生としては一九世紀の首相、ロード・パーマストン（香港を英国領にした首相である）や、二〇世紀に入って経済学者で有名なアルフレッド・マーシャルがいる。有名なケインズは隣のキングズ・カレッジの出身で、同カレッジのパーサーと呼ばれる資産管理官をやっていたが、彼の

ケンブリッジのキングズ・カレッジ

経済学理論は何を隠そう、このアルフレッド・マーシャルの影響を強く受けたとされている。

その他に日本人にもよく知られているセント・ジョンズ出身者としては詩人のワーズワースが挙げられる。カレッジにはコート（建物に囲まれた中庭）が幾つかあるがその中の第二コートの南西の角にワーズワースが学生として過ごした部屋が今でもあり、「ワーズワース・ルーム」という表示が出ている。部屋は鍵がかかっており今その部屋には学生は住んでいないが、隣の部屋には今でも学生が普通に住んでいる。

8．パンティング

パンティング（punting）とはケンブリッジの夏の風物詩を彩る船遊びのことである。パントと呼ばれる六人位乗れる長方形の形の喫水の浅い木製のボートを使って遊ぶ。

これに乗って、「ケンブリッジ」（Cambridge）という地名の由来とされている「ケム」（Cam）川を下るのである。二メーター半位の木のポールを両手で持ち、そして、するすると下に降ろすと川床に着く、これを後方にぐっと押して船を前方に進めるのである。このポールの使い方がなかなか難しく皆一度はケム川に落っこちてしまう。私の場合は一回ではもの足りないというわけではないのだが、

四、五回落ちている。

落ちる原因は川底がぬかるんでいて、ポールで川床を押して前に進み始めた時点でポールを抜こうとしても、ぬかるみにポールがとられてしまい、抜けない、しかし船は前方に進んでしまう、という事態に陥るからである。失敗を重ねていくうちに、川底にポールが取られないようにするこつが体得出来るようになる。基本はポールが川底に着いた時点で直ぐ引き上げることを考え、深入りを避けることなのである。これは学生達の、その後の人生の生き方に何かのヒントを与えているような気がした。

初出一覧

本書は以下の論稿・記事をもとに一部加筆修正を加えて収録したものである。

・「現地日本大使が見た「チュニジア革命（二〇一一年）」」
『大阪学院大学通信』第四八巻第六号、大阪学院大学、二〇一七年九月

・「チュニジア、民主化に向けて大きな一歩」
『アフリカ』第五一巻第四号（通巻五五〇号）、社団法人アフリカ協会、二〇一一年十二月

・「バルトの国から「アラブの春」を考える」
『星座　二〇一五年　No.72』（編集長対談）、かまくら春秋社、二〇一五年一月

・「チュニジアの月」
『星座　二〇一五年　No.74』、かまくら春秋社、二〇一五年七月

・「「アラブの春」の先駆けとなったチュニジアの「ジャスミン革命」当時の「分析メモ」を読みながら「ジャスミン革命」前夜にタイムスリップしてみる」
『大阪学院大学通信』第四七巻第一一号、大阪学院大学、二〇一六年十一月

・「ウィキリークスで明らかにされた米国の外交電報―チュニジア革命（二〇一一）前夜―」
『大阪学院大学通信』第四八巻第一号、大阪学院大学、二〇一七年一月

・「英国ケンブリッジ大学における学問と生活―ある日本人留学生の回顧録―」
『大阪学院大学通信』第四七巻第七号、二〇一六年十月

後書き

よく本書が陽の目を見たものだとしみじみ思う。感謝の念で一杯である。

この本は私にとって八冊目の本である。そして恐らく私の最後の本となろう。

それまでに私が書いた七冊の本はいずれも日本人にとっての英語の学び方かあるいは異文化コミュニケーションに関する本であった。外交官とは英語（そして出来ればもう一つ外国語）が出来てなんぼの職業であり、その外国語を使って、諸外国との意志疎通を図ることが外交官の仕事の要諦である。そういう仕事を行う中で見聞きし、考えたことで特に面白くて、人に伝えたいと思った観察や発見を些か得意になって書いたものであった。

今回の本は、今までの、言ってみれば悠長な外国語論や文化論ではなく、私のチュニジアでの外交官活動そのものをテーマとした本である。しかもその活動とは私の外交官生活四十一年間で最も緊張した事態を生き抜くための活動であった。チュニジア革命の現場を体験した人間として歴史の証言としてどうしても書き残して置きたい、少し大袈裟に言えば、これを書かずに死ねようか、と思ったことを書き綴ったものである。

二〇一一年一月十六日と十七日に私と現地在住の邦人二人、あわせて三人が籠城していた日本大使公邸のすぐ近くで大統領警備隊と正規軍の間で激しい銃撃戦か繰り広げられたが、私たちは運良く流れ弾に当たることなく、生き抜くことができた。私はせっかく生き残ったのだから歴史の証人として記録を残さねば、とずっと思ってきた。そしてようやく書いたのが本書である。

昨今の出版界の厳しい状況のもとで、著者の意気込みを理解し、刊行を決断してくださった臨川書店に感謝申し上げる。また同出版社で、本書の編集を担当してくださった小野朋美氏には厚くお礼申し上げる。

本書の刊行に当たっては臨川書店の他にも多くの方々のお世話になった。

私の勤める大阪学院大学の通信教育部長である船本修三教授、外国語学部長である吉田卓教授、大学事務局のデジタル支援センターの桑原祥子氏、私が客員教授として教鞭をとる中京大学の理事長である梅村清英氏、更には私の古巣である外務省での同僚、黒木慶紀氏、そして、大学時代からの友人である鈴木茂臣氏に厚くお礼申し上げる。

最後に私事にわたって恐縮であるが、外交官の仕事は家族の協力と犠牲なくして成り立たない面が多い。著者を支えてくれた妻の玲子、娘の雅子、彩子に感謝の意を表したい。

二〇一八年九月　多賀敏行

日付（2011年）	治安、市内情勢等	臨時大統領・政府	前大統領・前政権党（RCD）等	野党・その他
	を使用。デモ隊と治安部隊の衝突で約15名が負傷したとの証言あり。			閣の退陣及び全政党・労組等のコンセンサスによる暫定内閣の創設を要求。
1月29日（土）				
1月30日（日）				イスラム系組織「エン・ナーダ」の指導者で英国に亡命していたラシード・ガンヌーシ氏がチュニジアに帰国。同氏は、いかなるポストにもつくつもりはないとして、大統領選挙への不出馬を表明。

1月26日（水）	チュニジア中部で、数千人規模の反政府デモ。エジプト国内の動きにエールを送った。 首相府前で座り込みを続ける人々と治安部隊との間で衝突発生。デモ隊による投石等に対し、治安部隊は催涙ガスを使用。 夜間外出禁止令の時間帯がさらに3時間短縮され、22時から翌朝4時へ。 司法大臣は、今次騒乱による暴力・略奪・破壊行為で698名が逮捕されたことを発表。		自宅監視下に置かれていたカッラール評議員議長が辞任。 シェッビ司法大臣は、4つの犯罪（「国家の安全に対する罪」、「違法な動産・不動産の取得、外貨送金等」、「中央銀行の許可を得ていない外貨送金」、「違法な武器の輸入」）で起訴されたベン・アリ前大統領一族等の氏名を公表。 シェッビ司法大臣は、不正蓄財等の容疑でベン・アリ前大統領夫妻及び親族を国際手配した旨発表。チュニジア政府は、ICPO（国際刑事警察機構）に、ベン・アリ前大統領夫妻他の身柄拘束の協力を要請。	「改革運動（Ettajdid）」は、3つの委員会や暫定内閣等現行のメカニズムを崩壊させようとする動きを避ける必要性を強調。
1月27日（木）	首相府前での座り込みが継続。参加者は新内閣の辞任までハンガーストライキを行うことを決定。	ガンヌーシ首相は内閣改造を発表。ガンヌーシ首相は留任。外務大臣、内務大臣、国防大臣、財務大臣等12閣僚が交代。 革命の犠牲者に対する賠償金支払いを開始。		野党系労働総同盟（UGTT）は、ベン・アリ政権下の2閣僚（計画・国際協力大臣、産業・技術大臣）を含むガンヌーシ首相率いる新内閣を受け入れる旨決定。
1月28日（金）	治安当局は、数日前から首相府前で座り込みを続けていたデモ隊を強制排除。デモ隊による投石に対し、治安部隊は催涙ガス			チュニジア労働共産党（POCT）は、左派で民族・進歩主義系政党グループの「2011年1月14日戦線」と共に、現内

日付（2011年）	治安、市内情勢等	臨時大統領・政府	前大統領・前政権党（RCD）等	野党・その他
1月25日（火）	引き続き、首相府前での座り込みが継続。「自由のキャラバン」に毎日各地方からの参加者が合流。 チュニスで、新内閣退陣を求める市民によるデモが発生。特に混乱・衝突は見られなかった。 チュニスで、現内閣反対派と賛成派との間で小競り合いが発生。反対派は前政権との完全断絶を要求、賛成派は政治空白を避け国のバルカン化を阻止しなければならない旨主張。 チュニジア北東部で、現内閣支持の大規模デモ。現内閣と立憲民主連合（RCD）の解散を要求する地方労組前で座り込み。 チュニジア中部で数百人の市民によるデモが発生。経済活動に深刻な影響を与えている労組によるデモやストの拒否を表明。軍が介入し威嚇射撃。若者１人が労組組合員に暴行を受け焼身自殺未遂。	バックーシュ報道官は、新しい内閣の陣容が26日発表される旨表明。特に、前政権から留任の内務大臣、外務大臣、国防大臣の扱いに注目が集まる。		野党自由社会党（PSL）は、これまでの政治と断絶するため、第二共和制創設と新憲法制定のための憲法制定議会の開催を要求。 野党系労働総同盟（UGTT）及び弁護士会が、暫定大統領に対して暫定内閣の解散及び再構成を要求。

1月23日（日）	チュニスで、野党系労働総同盟（UGTT）が主導して、ガンヌーシ首相の辞任を要求する数千人規模の反政府デモが発生。 各地で、UGTT が主導するデモが引き続き発生。立憲民主連合（RCD）や新内閣の解散を要求。		23日までに、元内相、元外相等が自宅軟禁に置かれた。 民間テレビ「ハンニバルＴＶ」の経営者等（ベン・アリ前大統領の親族）２名が、国家反逆容疑で逮捕。	イブラヒム「改革運動（Ettajdid）」党首が、新内閣には不十分な点はあるものの、暫定内閣の崩壊は無秩序を選択することであるとして、同党は新内閣への参加を受け入れた旨表明。
1月24日（月）	23日から24日にかけて、シディブジットからチュニスに向けて移動したデモ隊「自由のキャラバン」にチュニス市民も参加し、夜間外出禁止令を無視して、首相府前でガンヌーシ首相の即時退陣を求める数千人規模のデモ、座り込み。デモ隊の一部が投石、警察隊が催涙弾を使用。 教職員組合の呼びかけで、多くの教師が無期限ストに突入。チュニス市内の学校の再開は一部にとどまる。現内閣の解散及び挙国一致内閣の結成を要求。 全国各都市において平和的デモが発生。現内閣の解散及び前政権閣僚の排除、立憲民主連合（RCD）の解党、労働条件の改善を要求。	閣議を開催。 バクーシュ教育大臣兼政府報道官は、空席の４閣僚の人選を調整中である旨表明。 モルジャン外相は、チュニジアを訪問したフェルトマン米国務次官補と会談。特に経済及び教育分野における協力強化の方法につき協議。 シェッビ地方。地域開発大臣（PDP）は、閣議決定事項として、地方の開発優先県の住民支援のための総額５億ディナール（約300億円）の緊急融資の即時実施、大卒失業者のボランティア活動に対して報償（150ディナール）を支払う制度の創設等を表明。	逮捕された「ハンニバルＴＶ」の経営者等２名が釈放。	「進歩のための緑の党」（PVP）は、現内閣を認めない旨表明。また、憲法規定に基づき60日以内に大統領選挙を行うよう要求。さらに、大統領制から議会制への変更が必要である旨強調。同党中央委員会は、同党幹事長に対し、時期大統領選挙への立候補を要請。

日付（2011年）	治安、市内情勢等	臨時大統領・政府	前大統領・前政権党（RCD）等	野党・その他
		請が全て受理された旨発表。 通信技術担当国務長官事務局は、公序良俗に反するもの以外、全てのインターネットサイトへのアクセスは自由である旨のコミュニケを発表。		
1月22日（土）	チュニスで、勤務待遇改善を要求する警官も参加した数千人規模の反政府デモが発生。チュニジア全土で警察官が反政府デモに加わり始めた模様。 全国各都市で、野党系労働総同盟（UGTT）が組織する平和的デモが発生。「挙国一致」内閣の打倒や旧政権下の閣僚の辞任等を要求。	内務省は、治安関係者の正当な要求に配慮し、彼らの生活・職務・心的・物理的状況の改善に最大限努力することを約束。		マルズーキ「共和国のための結集（CPR）」党首が新内閣の退陣を要求。また、与党立憲民主連合（RCD）解党と同党財産の国への返還を要求。 マルズーキ党首は、自由と民主主義の中で憲法が改正されれば、大統領選挙に立候補する旨表明。 民主進歩党（PDP）が、民主主義への移行を確保するため「挙国一致」内閣への支持を表明。空席の4閣僚ポストにつき再度様々な政治勢力と協議を行うよう要請。 野党民主・社会主義者運動（MDS）は、党の信頼性を守り政界での場所を取り戻すため、執行部を交代。

	デモが引き続き発生。（但し、治安部隊と大きな衝突はなし。） 治安状況の改善を受け、夜間外出禁止令の時間帯を２時間短縮。 多くのチュニジア人が職場復帰。街の交通量は増加。商店・オフィスも再開の動き。 国連人権高等弁務官は、一連のデモ等での死者が100名を上回る可能性があるとした上で、近く調査団を派遣する方針を表明。	主連合（RCD）との分離の方針を表明。 初閣議が予定されていたが延期。 刑期６ヶ月以下の一般犯罪の受刑者1800名の釈放を決定。	疑で逮捕。	
１月20日（木）	約1000人が、チュニス市内の与党立憲民主連合（RCD）本部に対して、新内閣からのRCDメンバーの完全排除を求める抗議デモ。威嚇射撃はあるも、市民と治安部隊の大きな衝突はなし。	初閣議。	新内閣の外相や内相等RCD所属の閣僚全員が、同党から離党。 RCDは、政策決定に中心的な役割を果たしてきた中央委員会を解散。	
１月21日（金）	フリアア内務大臣は、今次一連の混乱で、国民を恐怖に陥れた容疑で1200名を逮捕、382名を起訴した旨説明。	ガンヌーシ首相は、選挙が終わり、政権の移行期が終わった段階で、全ての政治活動から引退する旨表明。大統領選挙には出馬しない旨強調。 フリアア内務大臣は、ベン・アリ政権下で不認可だった野党３党及び新政党の政治活動許可申		野党系労働総同盟（UGTT）が、新内閣の解散と国家救済のための新政権樹立を要求することを決定。

日付 （2011年）	治安、市内情勢等	臨時大統領・政府	前大統領・ 前政権党（RCD）等	野党・その他
	チュニス国際空港で、欧州航空会社が運航再開。			
1月17日（月）	1000人規模のデモがチュニスで発生。 チュニス市内全てのバス・メトロが運行開始。 内相は、今次一連の事態による死者が78名、負傷者が94名と発表。	ガンヌーシ首相は、新内閣閣僚を発表。首相、外相、国防相、内相、財務相等が前政権から留任。有力野党指導者が3名入閣。		
1月18日（火）	チュニスでデモ発生。 商店、オフィスの再開等、市民生活回復の兆し。	新内閣閣僚就任式。	ムバッザア臨時大統領及びガンヌーシ首相は、ベン・アリ前大統領一派とのレッテルを避けるため、与党立憲民主連合（RCD）から離党。 RCDは、ベン・アリ前大統領の他、前政権幹部等7名を除名処分。	野党系労働総同盟（UGTT）が政権離脱を決定。同労組から入閣した職業教育・雇用大臣及び首相府付大臣が辞任。 「労働と自由のための民主フォーラム（FDTL）」党首の公共保健大臣が、新内閣への参加を一時保留。 野党指導者マルズーキ「共和国のための結集（CPR）」党首が仏から帰国。次期大統領選挙への立候補を表明。
1月19日（水）	チュニスの他各地で、各地域の労働組合による新政府への抗議	ムバッザア臨時大統領が、旧政権との決別、国家と与党立憲民	ベン・アリ前大統領一族33名が「チュニジアに対する罪」の容	FDTL党首が公共保健大臣を辞任。

資料：チュニジア情勢（非常事態宣言発令以降）

2011年１月14日にベンアリ政権が崩壊した。

それまでデモや暴動が続き国内は騒然としていたが、ベンアリが国外に出たからと言って治安が戻ったわけではない。寧ろベンアリの親衛隊とも言うべき大統領警備隊が大統領宮殿からチュニスの街に繰り出し銃撃を繰り返し、これに立ち向かう国軍との間の銃撃戦で治安は失われ、チュニスは混乱の淵に突き落とされた感じであった。

危機的状況は数日間続いた。

2011年１月14日から１月30日までの間、実際に何が起きたのかを示したのが次の資料である。革命や政変が起きると、その後実際に何が起きるのか、臨時の政権はどう作られ、誰が担うのか、旧政権に近い人々や組織はどうなるのか、公職から引き離されたり、処罰されるのか、興味は尽きない。チュニジアでは実際何が起きたのかがこの資料で分かる。

日付（2011年）	治安、市内情勢等	臨時大統領・政府	前大統領・前政権党（RCD）等	野党・その他
１月14日（金）	チュニス国際空港を含む主要空港が閉鎖。	非常事態宣言。ガンヌーシ首相が暫定的に大統領職を担う旨発表。	ベン・アリ大統領は国外に脱出。	
１月15日（土）	盗難、略奪、暴力がチュニジア各地で継続。 チュニス空港業務は事実上再開。しかし、欧州の航空会社は終日欠航し、フライト数は極めて限定的。	憲法規定に従い、大統領職代行がガンヌーシ首相からムバッザア代議員議長に移行。	サウジアラビア王宮府は、ベン・アリ大統領とその家族の同国到着を歓迎する旨の声明を発表。	
１月16日（日）	治安状況が改善。夜間外出禁止令の時間帯が３時間短縮。チュニス中央市場が再開、主要ガソリンスタンドが営業開始。			

二国間交流 (1)議員連盟　日・AU(アフリカ連合)友好議員連盟（会長　逢沢一郎衆議院議員）チュニジア・日本友好議員連盟(会長　モンセフ・セッラーミー国民代表議会議員(ニダー・トゥーネス)中）日本・チュニジア友好委員会(会長　岸信	夫衆議院議員)(2)友好協会　日本チュニジア友好協会(会長　小野安昭元駐チュニジア日本大使）チュニジア日本友好協会(会長　サラ・ハンナシ元駐日チュニジア大使)(3)姉妹都市　瀬戸市・ナブール市(2004年提携)

年6月現在)
(3)1994年から2007年までにサムライ債を計7回発行(計1425億円)。アラブの春以降は計3回、合計約974億円分の10年債を発行した。
3. 文化関係・学術・舞台芸術
国費留学生の受入れ、英語・TV 番組・音楽・スポーツ交流、文化無償協力の実施等
4. 在留邦人数 133名(2017年10月、外務省)
5. 在日チュニジア人数 505名(2017年6月、在留外国人統計)
6. 要人往来
(1)往訪(2008年以降)
2008年 3月 宇野外務大臣政務官
2008年 7月 桜井環境副大臣
2009年12月 山東参議院副議長(公式招待)
2001年 7月 松下経済産業副大臣
2010年12月 前原外務大臣
大畠経済産業大臣(第2回日本・アラブ経済フォーラム)
2011年10月 浜田外務大臣政務官(制憲国民議会選挙監視団)
2012年 2月 山根外務副大臣(第1回シリア・フレンズ会合)
2012年12月 浜田外務大臣政務官(未来のためのフォーラム)
2013年 8月 逢沢衆議院議員(AU 議連会長)、牧島衆議院議員
2014年 3月 岸外務副大臣(マグレブ諸国訪問)
2014年 7月 田中 JICA 理事長
2014年11月 中根外務大臣政務官(大評議会選挙監視団)
2015年 2月 宇都外務大臣政務官
2015年 3月 中根外務大臣政務官
(2)来訪(2008年以降)
2008年 3月 シティウィ外務大臣付国務長官
2008年 4月 カッラール評議院議長
2008年 5月 ガンヌーシ首相(TICAD Ⅳ)
2008年10月 ブウニ高等教育・科学技術研究相
2009年 2月 ハドリ戦略研究所長
2009年 7月 アブダアッラー外相(外務省賓客)
2009年10月 エル・バスティ文化・遺産保存相
2009年12月 ジュイニ開発・国際協力相(日アラブ経済フォーラム)
2010年10月 テッカリ高等教育・科学研究相(日アフリカ科学技術大臣会合)
2011年 5月 ケフィ外相
2012年 2月 ベン・アベス外務大臣付国務長官
2012年 6月 アブデッサレーム外務大臣(外務省賓客)
2012年10月 ベッタイエブ投資国際協力大臣(IMF 世銀総会)
2013年 6月 マルズーキ大統領、ジャランディ外相(TICADV)
2013年10月 ガムラ観光大臣
2013年10月 サルマン設備・環境大臣(水俣条約外交会議)
2013年11月 カアビ開発・国際協力相付国務長官
2013年12月 サイーディ首相付経済担当大臣(第3回日・アラブ経済フォーラム)
2014年10月 ジュラーシ高等教育・科学技術情報通信技術大臣(STS フォーラム)
2014年11月 ジャッラーイ教育大臣(ESD に関するユネスコ会議)
2015年 3月 デルイッシュ環境・持続可能な開発担当大臣(防災会議)
2015年 9月 シェイハブ高等教育・科学研究大臣(STS フォーラム)
2016年 9月 田中和徳衆議院議員(日・アフリカ連合友好議員連盟副会長)、秋葉賢也衆議院議員、岡本三成衆議院議員
2016年10月 シェイフルーフー・エネルギー・鉱山・再生可能エネルギー相
2016年12月 滝沢求外務大臣政務官
2017年 7月 薗浦健太郎外務副大臣(第9回日・チュニジア合同委員会出席)
2017年11月 ハマイエス・ジヒナウイ外相(外賓)
2018年 2月 カメル・アクルート大統領府治安顧問(第2回日・チュニジア・テロ・治安対話)
2018年 3月 堀井学外務大臣政務官
2018年 4月 アブドゥッラー・ラーブヒー農業・水資源・漁業大臣付水資源・漁業担当国務長官
7. 二国間条約・取極
1956年 査証免除取極(日仏査証免除取極を独立後も継続)
1960年 3月 貿易取極締結
1974年 7月 青年海外協力隊派遣取極

非同盟中立。穏健かつ現実的外交政策を展開。革命後の現暫定政権は、これまでの欧米偏重路線を修正し、マグレブ諸国間協力の推進、地中海沿岸諸国との関係強化、湾岸諸国がアフリカ・アジア諸国との関係強化など外交関係の多極化に努めている。

2. 軍事力(ミリタリーバランス)

(1)支出　8.36億米ドル(2017、ストックホルム国際研究所)

(2)兵役　徴兵選抜制(12ヶ月)

(3)兵力　47,800人(2015、世銀)

経済

1. 主要産業　サービス業(観光、IT)、製造業、鉱工業(繊維、機械部品)、農業(小麦、大麦、柑橘類、オリーブ、なつめやし、りん鉱石、食品加工)
2. GDP　421億米ドル(2016年、世銀)
3. 一人当たり GNI　3.690米ドル(2016年、世銀)
4. 経済成長率　1.2%(2016年、世銀)
5. インフレ率　5.5%(2016年、OECD)
6. 失業率　15.6%(2016年、OECD)
7. 総貿易額・主要貿易品目(2017、チュニジア中央銀行)

(1)輸出　141億米ドル

主な品目：機械・電気機器、衣類、石油関係、化学製品・肥料等

(2)輸入　205億米ドル

主な品目：機械・電化機器、石油関係、衣類、自動車等

8. 主要貿易相手国　仏、伊、独、西等
9. 為替レート(2017年平均)

1米ドル＝2.4TD ／1TD ＝47.62円

10. 経済状況

(1)1987年からのベン・アリ政権下で着実な経済発展を遂げ、年率5%程度の安定した経済成長を継続していた。1995年にはEUとの間で自由貿易圏を設立する趣旨のパートナーシップ協定を締結し、2008年に工業製品に関する関税撤廃が導入される等、欧州、湾岸諸国との経済自由化を推進した。一方で、30歳以下が人口の過半を占める人口構成等に起因して、雇用対策、特に若年高学歴層の雇用対策が大きな課題となっていた。また、観光リゾート開発、工場進出等で発展が続く沿岸都市部と、農業以外に主要産業がない内陸部との格差が大幅に拡大した。ベン・アリ政権は、外国企業の内陸部への誘致や観光による地域開発を進めていたが、ベン・アリ政権内部の汚職等により外国からの投資は伸び悩み、失業問題は高学歴層を中心に高止まりしたままであった。

(2)2011年1月14日の革命によって自由を得た市民による待遇改善や雇用を求める労働争議や道路封鎖が頻発し、企業の生産活動に支障をきたす事態が多数見られるなど、チュニジア経済は停滞することとなった。政変の影響による外国人観光客、新規投資の減少、リビアの混乱の波及等により、2011年の経済成長率はマイナス1.8%と激減したが、2012年にはプラスに転じた。2015年に入り、相次ぐテロ事件の発生により、観光客の大幅な減少等、経済への影響が出ていたが、2016年第2四半期以降大規模なテロ事件等は発生しておらず、比較的安定している。地域間経済格差の解消、雇用創出が現在の課題。

経済協力

1. 援助実績(2013年までの累積)

(1)有償資金協力　3,045.01億円(E/N ベース)

(2)無償資金協力　60.84億円(E/N ベース)

(3)技術協力　273.45億円(実績ベース)

2. 主要援助国(2016年、OECD)

①仏　②独　③日　④米　⑤伊

二国間関係

1. 政治関係

1956年6月26日に我が国はチュニジアを承認し、1969年2月5日に在チュニジア大使館を開設、チュニジアは1977年2月22日に在本邦大使館を開設。1985年より、定期的に日・チュニジア合同委員会を開催しており、2017年7月にチュニジアにおいて第9回合同委員会が開催された。

2. 経済関係

(1)貿易額・主要貿易品目(2017年、財務省貿易統計)

対日輸出　107.19億円　衣類、電気機器、まぐろ

対日輸入　94.68億円　自動車機器、電気機器

(2)我が国からの進出企業数　19社(2018

チュニジア共和国（Republic of Tunisia）

（外務省資料を編集して作成。）

一般事情

1. 面積　16万3,610km^2(日本の4割)
2. 人口　1,140万人(2016年、世銀)
3. 首都　チュニス(Tunis)
4. 人種　アラブ(98%)、その他(2%)
5. 言語　アラビア語(公用語)、仏語
6. 宗教　イスラム·スンニ派がほとんど
7. 国祭日　3月20日(独立記念日)
8. 略史

紀元前9世紀　フェニキア人がカルタゴを建設

紀元前264年～前164年　ポエニ戦後では3回戦争が行なわれており、第2回の戦争ではハンニバルがローマに勝った。だが第3回の戦争ではカルタゴ側がローマに打ち負られ、カルタゴは滅んだ（BC164)。その後ローマに支配される。

紀元前2～5世紀　ローマ帝国に編入

5～7世紀　ヴァンダル族の侵入とビザンチン帝国の支配

7世紀　アラブ人の侵入が始まる

1574年　オスマン帝国属州

1881年　フランス保護領

1956年 3月　フランスより独立

1957年　共和制施行を宣言
　ブルギバ首相が初代大統領に就任

1959年 6月　共和国憲法

1987年11月　ベン・アリ首相が大統領に就任

1989年 4月　大統領選挙でベン・アリ大統領当選(その後、5選(94.3、99.10、04.10、09.10))

1994年 3月　代議員選挙で野党が初めて議席を獲得

2005年 8月　評議院設置

2011年 1月　大規模デモ発生によりベン・アリ大統領が国外退去。ガンヌーシ首相、次いでムバッザア代議院議長が暫定大統領に就任、新内閣組閣

2011年10月　制憲国民議会選挙

2011年12月　マルズーキ大統領、ジェバリ首相就任

2013年 2月　ジェバリ首相辞任

2013年 3月　ラアレイエド首相就任

2014年 1月　新憲法制定、ジョマア首相就任

2014年11月　総選挙実施

2014年12月　大統領選挙の結果、エセブシ大統領就任

2015年 2月　エシード内閣発足

2016年 1月　エシード内閣改造

2016年 8月　シェーヘド内閣発足

2018年 5月　地方選挙

政治体制・内政

1. 政体　共和制
2. 元首　ベジ・カイド・エセブシ大統領
3. 議会　国民代表議会(217議席)
4. 政府(1)首相　ユーセフ・シェーヘド
　(2)外相　ハマイエス·ジフナウイ
5. 内政状況

87年に誕生したベン・アリ政権は、西欧化を推進する一方でイスラム主義運動を弾圧し政治的安定を維持。02年、大統領選挙に関する憲法規定の改訂により大統領の再選制限を廃止。

10年12月から翌年1月、大規模デモ発生。ベン・アリ大統領は国外に脱出し、ムバッザア代議院議長が暫定大統領に就任。暫定内閣組閣。11年10月の制憲国民議会選挙の結果、イスラム主義政党エンナハダが与党第一党に選出。マルズーキ大統領、ジェバリ首相が就任し、新暫定内閣発足。13年2月、野党政治家の暗殺事件が発生し、ジェバリ政権への批判が高まり、翌3月にはラアレイエド新政権が発足。同年7月、新たに野党議員の暗殺事件が発生する等により政情不安が激化し、10月、政治危機打開に向け、与野党は国民対話の実施に合意。2014年1月、制憲国民議会において新憲法が賛成多数で可決。12月、ジョマア選挙実施内閣において大統領選挙及び総選挙が実施され世俗派ニダーチューネスが勝利。2015年2月、エシード新政権が発足。2016年1月の内閣改造を経て、同年8月、シェーヘド新内閣が発足。

外交・国防

1. 外交基本方針

多賀敏行（たが　としゆき）

大阪学院大学外国語学部教授、中京大学国際教養学部客員教授。

1950年、三重県松阪市で生まれる。名古屋の東海高校を卒業して、1969年、一橋大学法学部入学。1974年に卒業、外務省に入省。1977年、ケンブリッジ大学よりLL. M（法学修士号に相当）取得。国連日本政府代表部の一等書記官や本省国内広報課長、そして天皇陛下の侍従を務めて、2009年から2012年まで駐チュニジア大使を務める。在任中に「アラブの春」の先駆けとなったチュニジア革命に遭遇。その後、駐ラトビア大使を務め、2015年12月に外務省を退官。2016年より現職。

著書に、「「エコノミック・アニマル」は褒め言葉だった」（新潮新書）、「外交官の「うな重方式」英語勉強法」（文春新書）などがある。

「アラブの春」とは一体何であったのか
大使のチュニジア革命回顧録

平成三十年九月三十日　初版発行

著者　多賀敏行
発行者　片岡敦
印刷製本　亜細亜印刷株式会社

606-8204 京都市左京区田中下柳町八番地
発行所　株式会社 臨川書店
電話（〇七五）七二一-七一一一
郵便振替　〇一〇七〇-二-八〇〇

落丁本・乱丁本はお取替えいたします
定価はカバーに表示してあります

ISBN 978-4-653-04369-0　C0022